卫青

逆风翻盘的骠骑将军

源·

辽宁人民出版社

© 源水漾　2025

图书在版编目（CIP）数据

卫青：逆风翻盘的骠骑将军/源水漾著. -- 沈阳：辽宁人民出版社，2025.6. -- ISBN 978-7-205-11497-8

Ⅰ．K825.2

中国国家版本馆 CIP 数据核字第 2025R9V713 号

出版发行：辽宁人民出版社
地　址：沈阳市和平区十一纬路 25 号　邮编：110003
电　话：024-23284191（发行部）　024-23284304（办公室）
http://www.lnpph.com.cn

印　　刷	河北朗祥印刷有限公司

幅面尺寸：145mm×210mm

印　　张：8

字　　数：158 千字

出版时间：2025 年 6 月第 1 版

印刷时间：2025 年 6 月第 1 次印刷

责任编辑：赵维宁

封面设计：乐　翁

版式设计：一诺设计

责任校对：吴艳杰

书　　号：ISBN 978-7-205-11497-8

定　　价：39.80 元

序 言

提起卫青，很多人会想到他的赫赫战功，他七战七捷，改变了西汉面对匈奴时的不利局面。但提到他的时候，也有很多人最先想到的是卫子夫、霍去病，甚至还有时运不济的飞将军李广。

这是因为卫子夫从一个歌女成为大汉皇后，她是汉武帝刘彻的第二任皇后，长达38年，谥号"思"，是中国历史上第一位拥有独立谥号的皇后。她的经历极其具有戏剧性，也是大家所喜闻乐见的后宫剧情，从戏剧性来说，卫子夫的事迹能更吸引人，也被改编成各大影视剧。

而霍去病横空出世更为耀眼，他出生的这一年正是汉武帝实行新政的时候，或许霍去病就是为汉武帝的雄心，为汉朝的边疆稳定，为汉匈之间的融合与发展而降生的。他18岁就能直捣匈奴腹地，大获全胜，且功绩无人可挡。他在汉匈几次主要的战争中立下汗马功劳，为维护西汉边境稳定、促进国家统一做出了突出贡献。有人说他是一个军事奇才，创造出"封狼居胥"的千古传奇；也有人认为，他之所以能有如此大的成就，完全是因为他的外戚身份以及"天幸"。这个充满争议的传奇人物的经历更加精彩与耀眼，虽然他的生命只有短短24岁（虚岁），却为后人留下了极为珍贵的军事研究资料。

李广则带着悲情色彩，他一生与匈奴对战70多次，但到最后也没有被封侯，反而自杀而亡。这种经历也让人唏嘘，所以难免对他有了更多的关注。

而细看卫青的经历，从一个小小的骑奴成为大将军，比卫子夫的经历还要波折。他性格温和，待人真诚，但是也有人说他媚上，只是因为外戚身份才到了这个位置，他的经历也比霍去病更有争议。卫青死后，卫子夫与刘据这些卫氏集团最后全被清除，相比李广来说，更是一场悲剧。

卫青作为一名功绩斐然的大将军，也是后人值得了解的历史人物。要想深入了解卫青，就不能单单了解他一个人的经历，还要了解他的生长环境、历史背景，以及他身旁的人。

本书不仅详细记录了卫青的个人奋斗史和成就，还涵盖了其他相关历史人物的生平故事。这些人物的经历相互交织，最终汇聚成了历史的宏大画卷。

序 言

通过一个人的生命历程往往可以窥探历史的脉络，我们可以从卫青的一生见证西汉的辉煌历史。同样地，从历史的长河中观察一个人，我们也能发现卫青的一生与西汉的发展息息相关。让我们翻开历史的厚重篇章，细细品读卫青那既璀璨夺目又充满波折的一生……

在那些泛黄的纸页间，我们不仅能领略到一个时代的风云变幻，还能深刻感受到一个英雄人物的非凡魅力。

源水漾

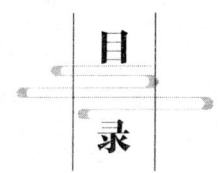

序　言　001

第一章　谁是龙城飞将　001

第二章　私生子　027

第三章　放羊奴　035

第四章　公主骑奴　043

第五章　给事建章　053

第六章　两战匈奴　067

第七章　奇袭右贤王战役　077

第八章　漠南战役　085

第九章　漠北大战　095

第十章　飞将军李广　119

001

第十一章	大汉双璧	139
第十二章	卫青和外戚	169
第十三章	卫青和他的部下	195
第十四章	青史留名	211
第十五章	《史记》里的卫青	223

卫青年表	245
后　记	247

第一章 谁是龙城飞将

卫青 逆风翻盘的骠骑将军

夜幕低垂，塞外的寒风呼啸着掠过广袤无垠的草原。卫青目光如鹰隼般锐利，扫视着前方的黑暗。他的身后，汉军骑兵如同沉默的幽灵，跟随着他悄然无声地在夜色中穿行。

龙城的轮廓在夜色中若隐若现，卫青知道，他们已经进入了匈奴的圣地——龙城。这也是他们此次行动的目标，此刻龙城正沉浸在一片宁静之中。

然而，这份宁静即将被打破。

他心中没有任何恐惧，只有对胜利的渴望。这不是一场简单的战斗，这是为大汉洗刷耻辱的关键一战。

卫青深吸一口气，猛地抽出长剑，高高举过头顶："杀！"

龙城内一片混乱，匈奴人从帐篷中惊慌失措地跑出来，被汉军的刀剑无情地斩杀。卫青的剑锋所到之处，匈奴人无不披靡。他如一柄利刃，直插匈奴的心脏！

卫青（？—前106），字仲卿，是西汉著名将领。汉武帝第

第一章 谁是龙城飞将

二任皇后卫子夫的弟弟，官至大司马大将军，被封为长平侯。

他首次远征匈奴就直捣匈奴核心地龙城，其行动之出其不意，令人惊叹，可以称得上"龙城飞将"了。

唐代诗人王昌龄的《出塞》大家耳熟能详：

秦时明月汉时关，

万里长征人未还。

但使龙城飞将在，

不教胡马度阴山。

这首诗翻译过来就是：自秦汉以来，明月一直照耀着边塞，但是出征的士兵还没有归来。如果能够抵御外敌的龙城飞将军还在，就绝对不会允许匈奴越过阴山。

这首诗里最能引起争论的就是"龙城飞将"，因为谁也不知道"龙城飞将"指的到底是谁。

有人认为"龙城飞将"就是李广。因为在《史记·李将军列传》有一句话是：广居右北平，匈奴闻之，号曰"汉之飞将军"，避之数岁，不敢入右北平。

由此可见，在《史记》中李广被称为"飞将军"，他也是汉朝历史上唯一一位拥有"飞将军"称呼的人。

然而，因为奇袭龙城，在对抗匈奴中屡建奇功、七战七捷的民族英雄卫青，更有可能是龙城飞将。

在了解奇袭龙城这次战役之前，先要看看汉朝为什么要征讨匈奴。

在西汉时期，匈奴一直是汉朝面临的最大的外部威胁，是汉朝北方和西北边疆是否安定的重要因素。汉武帝在位时与匈奴进行了长达40余年的征战，可见征伐匈奴是汉武帝时期的一个重要事件。元光二年（前133）至元狩四年（前119）这15年是武力征讨匈奴的第一阶段，以夺取"河南地"和河西走廊为战略目标，与匈奴主力展开正面作战，消灭其兵力。卫青的功绩就在这一阶段。后面两个阶段主要为汉匈之间的休战时期，战略目的在于持续军事打击，最终使匈奴屈服。第二阶段时间从元狩五年（前118）至太初元年（前104），第三阶段是太初二年（前103）至征和三年（前90）。

匈奴问题自秦以来就一直存在，而西汉不但继承了秦朝的疆土，也延续了秦朝的民族问题。早在战国七雄血战中原的时候，中国北部出现了一个彪悍的民族，那就是匈奴。匈奴鼎盛时期大致在秦末至汉武帝元朔元年之间，也就是公元前209到前128年之间。

匈奴主要生活在距黄河河套地区不远的漠南阴山以北的头曼城（今内蒙古自治区包头市境内），公元前4世纪末，赵武灵王在阴山南麓修筑了长城，但很快，匈奴便攻破长城，占据了河套以南地区。秦朝统一六国后，秦始皇曾在公元前215年，派蒙恬率30万大军北上，一举夺回了"河南"地区。然而几年后，随着秦朝灭亡，楚汉之战打得不可开交，匈奴趁机侵入"河南"地区，先后攻占了燕郡（今河北省北部）、山西以北（今山西省北部）。

到了公元前200年前后，也就是汉朝刚刚建立的时候，并州北部的马邑（今山西省朔州市朔城区）突然被匈奴包围了，随后他们大举南下，直逼太原，逼得刘邦亲自率领十万大军北上反攻，一路打到了平城（今山西省大同市）。然而汉人的步兵并不擅长灵活的骑战，仅仅一夜，他们在平城东面30余里的白登山，竟然被30多万匈奴铁骑团团围住，陷入了极为不利的境地，最终被迫签订了屈辱的和约，这也是汉朝与匈奴发生的首场大规模军事冲突。自那以后，汉朝由于建国之初，百废待兴，匈奴势大，汉朝没有能力与之抗衡，所以，为了维护边境的安宁，他们不得不转攻为守，用和亲和钱物来换取和平。

和亲只是一种和平解决边界争端的权宜之计，虽然在一定程度上阻止了汉匈之间的大规模战争，但匈奴经常违背和约，继续向南侵犯。不过因为实行了和亲的方针，汉朝获得了60多年相对稳定的环境，得以休养生息，百姓务农，衣食无忧。而且在与匈奴互市中，汉朝获得了极大的好处，这对于加强汉朝的经济、军事力量起到了很大的帮助，在当时国内经济、军事条件尚不具备作战能力的情况下，不失为一个较为安稳的策略。

可是这样并不能真正阻止匈奴的进攻和骚扰，汉朝的边境问题一直很严重。

匈奴的生活习惯与中原百姓有很大的不同。他们在草原上生活，遇到水草肥美的地方，就停下来居住，等到水干涸了，他们就会迁移到其他的地方。他们是没有固定的耕地的，所以，迁徙是他们的天性。匈奴占据河西走廊、西域，夹击中原，频频劫掠长城以南地区，自陇西至辽东，屡有战事发生。在西汉边境，匈奴多以放牧和狩猎为生，当粮食短缺时，他们就会刺探西汉边境的真实情况，并找到防守薄弱之处，大肆抢掠。尤其是燕（今北京市境内）、代（郡治在今河北省蔚县）、上郡（郡治在今陕西省榆林市）、北地（今陕西省、甘肃省、宁夏回族自治区一带）、陇西（郡治在今甘肃省临洮市）等地的百姓深受其害。

西汉朝廷面对匈奴这样的骚扰，往往因为兵力不足而无法抵御匈奴铁骑；如果加派出更多的兵力，往往大军刚到，匈奴就已经撤退了。另外，由于当时西汉还在恢复经济之中，所以很难承担如此巨大的军费开支。后来汉朝经历了惠帝，吕后，文、景二帝，这段时间里朝野上下都提倡"黄老之术"，强调休养生息，发展生产力，对匈奴的作战方略主要是防守。所以，在西汉之初，对匈奴实行的和亲、互市、防守等策略，均属无奈之举，并未从根源上彻底消除匈奴给百姓带来的困扰。好在，到底是极大地抑制了匈奴进犯中原的势头，将匈奴基本稳定于西北边境外。这段时间是汉匈战略相持阶段。

但是汉朝并没有放弃征讨匈奴，他们开始重新调整军队的兵种结构，把重点放在了骑兵的培养上，积极经营马政，汉文帝时，曾下令每户人家必须养一匹马，以备军需之用。

随着内外形势的变化、汉匈两方势力的强弱交替，西汉对匈奴的政策发生了重大的调整与转变。野心勃勃的汉武帝登基之后，就开始了他的雄心壮志。汉武帝认为，从汉初征讨匈奴的经历来看，只有以武力回击，才能平定天下，在他登基之初，尽管表面上仍保持与匈奴和亲，并赏赐礼物、开关互市，暗地里却为征伐匈奴做了大量的准备工作。

在外交上，为了孤立匈奴，汉武帝在登基后第二年就开始拉拢盟国。他派张骞出使西域，打算与匈奴宿敌大月氏结盟，从东西两面夹击匈奴，不过这个计划没有成功。

在军事方面，汉武帝任命李广等著名将领为他戍守边疆，并征募兵力，以巩固边疆重镇的防御。另外汉武帝还考虑到匈奴铁骑行动速度快，自己的步兵很难对抗，因此下令各地郡县都要扩编骑兵，朝廷又增设8名校尉，其中4名是用来培养骑兵的，强化骑兵队伍的建设。修建重要的军事道路，提拔一批有能力指挥骑兵大作战的人才。

在政治方面，主要表现为强化中央集权，汉武帝下诏向朝中贤能问策，招揽人才；举行封禅大典，强化皇权；推行"推恩令"，以削减地方力量；等等。在经济方面，实行"利出一孔"，就是说百姓想要获得俸禄赏赐的方式只有一种，那就是积极地耕种土地，参与战争。

实行盐铁官营，同时征收商税，聚敛百姓钱财，以充实战时所需；在思想文化方面，采纳了董仲舒"独尊儒术"的主张，确立了儒家思想的主导地位。

这个时候，汉朝在经济、政治和军事上都有了很大的发展，可以将对匈奴的战略从被动防守改变为主动出击。

元光元年（前134），匈奴再次向汉朝提出和亲，而和亲实际的目的还是要钱要人。此时汉武帝心中的怒火已经压制不住，他有了应对的想法，因此他下旨，命群臣商议是否出兵征伐匈奴，并对其利弊提出自己的看法。身居大行令的王恢向汉武帝提出了反对和亲的意见。大行令这个官职就像外交官员一样，负责朝廷与属国的关系。他认为："之前朝廷与匈奴和亲，但匈奴还是不遵守盟约，多次侵犯骚扰边界百姓，我们应出兵给他们一个教训！"但是御史大夫韩安国却极力反对出兵，在他看来，高祖刘邦英明神武，在平城都被匈奴围困7天，更何况一打仗难免天下骚动，鹿死谁手，谁也说不准，不可贸然出兵。王恢继续劝说："战国之初，代国北有匈奴侵扰，南有中原强国赵国虎视眈眈，但就是这样一个小国家，却能不让匈奴侵犯，保护百姓。现在大汉如此强大，匈奴却不停地骚扰，每一次与汉和亲后，都会在几年内毁约，这都是因为汉朝行事太过软弱，我们必须给予他们应有的惩罚。"他还建议："匈奴初和亲，亲信边，可诱以利致之，伏兵袭击，必破之道也。"（《汉书·韩安国列传》）意思是说，匈奴刚刚与汉和亲，会比较放松，信任边境的百姓，可以以此迷惑他们，再埋伏士兵攻击他们，肯定会攻破匈奴。

与此同时，一个叫主父偃的大臣也向汉武帝上书，建议征伐匈奴。而且当年考"贤良对策"中，其中有一道题是：如何使天下太平，就像周朝成康年间一样？这些都表明了汉武帝讨伐匈奴的决心，最后，汉武帝决定按照王恢的建议，主动出击匈奴，在马邑（今山西省朔州市朔城区）诱杀匈奴。

元光二年（前133），汉武帝派出一支精锐军队，有30万人，并命护军将军韩安国、骁骑将军李广、轻车将军公孙贺率领大军，在马邑一带的一处山谷中分两路埋伏，只待匈奴大军一到，就打他们一个措手不及。然后王恢和材官将军李息率兵共3万余人，从代郡（今河北省蔚县东北）出发，企图从两侧包抄，袭击匈奴的辎重并切断他们的后路，歼灭匈奴的主力部队。

这里面虽然没有卫青，但是却有几个与卫青息息相关的人，其中轻车将军公孙贺是卫青的姐夫，而李广与李息在未来都与卫青的命运交织在一起。

就这一次对匈奴的主动出击，汉朝廷做了完全的准备，为了引诱匈奴出兵，还设定了一个计谋。汉朝廷让雁门马邑一带的豪商聂壹诈降，假装投靠匈奴。

第一章 谁是龙城飞将

聂壹在汉廷的授意下，故意违背贸易禁令，走私商品与匈奴进行贸易，之后又作为间谍逃往匈奴。这个聂壹在《史记》中称作聂翁壹，其实这个计谋就是他提出的，因为他对匈奴十分的熟悉，并且对边患不息十分担心。聂壹得到单于的信任后就对单于说："我能杀死马邑县县令及其他官员，夺到城池后就向您投降，便可以得到城里的所有钱物。"单于大喜，见财起意，对聂壹深信不疑。两人约定了一个攻城的信号，等到聂壹杀掉马邑县令之后，将他的人头悬挂在城门口。聂壹返回马邑，将一个死刑犯的首级斩下，悬挂于城门口，然后通知匈奴："马邑县县令已经死了，速速通知单于率军入城。"

单于得知计谋得逞，当即率领10万铁骑，直向南方进发，沿途并无汉军阻拦。这时，汉军就如之前计划的，已集结了大约30万兵马，由护军将军韩安国率领，埋伏在靠近马邑的山谷中，等到单于一入城，便展开全面进攻。后面又有王恢、李广等人两侧夹击。但是情况并没有想象的那么顺利，当时匈奴的军队已经到了马邑百里之外，单于看到到处都是马匹，却没有人来放牧，不由得心生疑惑：如果不是有兵，怎么可能有那么多马？所以，单于不敢轻举妄动，便停了下来，稍作休整，并派人去打探消息。恰巧有个在雁门的当尉史的人路过这里，被匈奴抓到。这个尉史知道一些关于马邑埋伏的事，便把这件事说出来了。单于听了这个消息，恍然大悟，说道："我早有疑虑，听了你的话，原来是这样，真是上天在帮我。"于是单于带着自己的部下，撤了回去，为了表示对这个尉史的感激，把他封为天王，还说："我抓到你是老天的奖励，是老天派你来告诉我这些的。"

汉军本来打算在马邑伏击开始之后，由王恢率3万大军去截杀匈奴兵的辎重。但是伏击并没有开始，王恢单凭自己的3万大军，是不可能战胜匈奴10万大军的，因此，他并没有率军追击。而李广和公孙贺速度慢了一拍，错失良机。马邑伏击战最后失败了。

汉武帝见伏击失败，而王恢又不去攻打匈奴的辎重，相当于这次浪费了这么多时间和金钱，却一个匈奴兵都没有杀死，十分生气，要将王恢处死。王恢拿出1000两黄金给丞相田蚡，让他为自己求情。田蚡不敢去求暴怒的汉武帝，便去求自己的姐姐王太后："虽然马邑伏击没有发动，但是杀死王恢，不就等于杀死了匈奴的仇人？"王太后听了就将这个意思告诉汉武帝，汉武帝勃然大怒，说："马邑伏击之事就是王恢最先提出的，如此兴师动众，结果却是竹篮打水一场空，今日若不将王恢斩于

第一章 谁是龙城飞将

剑下,如何对得起世人!"王恢听闻汉武帝之言,知道自己必死无疑,于是自尽而死。

聂壹后来怎么样,历史上并没有明确的记录。不过,据说三国时期曹魏大将张辽就是聂壹的后代。《三国志》中有记载,张辽"本聂壹之后,以避怨变姓",他后来为了躲避仇家,改了姓氏,但张辽的身世和生平,却没有任何商贾之家的影子。可见原本雁门马邑富豪的聂氏家族到了东汉末年,已经不是什么豪门大族了。至于所说的"避怨",很有可能是聂壹知道自己已经得罪了匈奴再加上他在汉朝又没有立功,聂氏一家也很难在马邑长久立足,便离开了。之后不知道在哪一代改姓张了。

关于马邑伏击战失败也是有原因的。首先那里到处都是牲畜,却没有人放牧,这让身为游牧民族的匈奴人产生了怀疑。在《史记·廉颇蔺相如列传》中就有个类似这样的故事:赵国雁门守将李牧长期以守为攻,所有人都以为他是害怕匈奴,其实他是在养精蓄锐、暗中筹划。他在筹划了数年之后,做好了反攻匈奴的准备。他们把大批的牲口从牧场里拉出来,并把民众安置在那里,如果是匈奴小规模的骚扰,他就佯装战败,甚至还抛下数千人,以此引诱单于带兵劫掠,最后李牧布下重重阵法,大败匈奴,并斩杀了10多万人。经此一役,赵国边境的城邑，无人敢侵犯。这个故事里，也是引诱匈奴，但是做戏就做得很真实，因此胜利。

除此之外，汉军的战术也很简单，除了在战场上等着敌人进攻之外，并没有其他的支援手段。这一战，汉军不但没有派诱兵，就连匈奴军的动向，他们也都不清不楚的，甚至自己的行踪还被匈奴摸得一清二楚。很有可能韩安国等人并没有真心想要征伐匈奴，只是为了敷衍汉武帝，才会集结大军，做做样子给汉武帝看。也许是因为他们对讨伐匈奴没有思想上的准备，心中还是害怕畏惧匈奴。说不好有伏兵的消息就是他们自己放出去的，就是为了吓退匈奴，采取拖延战术，逃避战争。毕竟当时朝廷对主动出击讨伐匈奴并没有达成共识，所以造成了现在的结果，这个仗根本就没有打起来。

之所以这样猜测，是因为出卖情报的尉史让人觉得可疑。尉史是汉朝时期的一个军职，汉朝边境每一百里会置尉一人，会有两名士史、尉史辅佐，负责巡逻和警戒。按理说，埋伏地点这种重要的事情，普通人是不可能知道的，更不可能知道他们的位置。在《史记·匈奴列传》中记载，匈奴设置的官职中，王的地位相对较高，那些投降匈奴的汉人如果被封为王，通常多是重要的人物，但是这个尉史就因为说出这件事就被封为天王，其中怕是有蹊跷。

这一次伏击，双方都没有太大的损失，但是汉武帝以安抚将士的名义，加上为了自己的面子，逼死了王恢，毕竟他是这次伏击的主策划，但他又不敢进攻匈奴。汉武帝也算是损失了一名大将。

从这一次战役来看，武帝很清楚，打仗需要用自己的亲信，不然就会像这次一样，无功而返。所以，汉武帝想到了卫青。这个时候卫青的年龄大概不到30岁，确实有些年轻，或许这也是他没有参加这次战役的原因。

马邑伏击战虽未成功，却打破了汉匈长达70余年的"和亲"政策，使汉、匈进入战争对峙状态。

这个时候，终于轮到卫青出场了。

卫青第一次出征匈奴——奇袭龙城。

让我们回到那一晚的战场，震耳欲聋的战鼓响起，撕裂了龙城的宁静，预示着一场腥风血雨即将来临。紧接着，将领们举起长枪，下达了冲锋的命令，在凛冽的北风中，呐喊声异常响亮。两军对峙，旌旗遮天，战马嘶鸣，士兵们的眼中闪烁着决绝又带着恐惧的光芒。随着嘹亮的军号响起，马蹄声如雷鸣，万箭齐鸣，漫天的箭矢仿佛飞蝗一般，遮天蔽日，天空为之一暗。最前排的士兵举起盾牌，但有的箭矢能够瞬间穿过盾墙，带着死亡的呼啸声夺去他们的性命。后排的弓箭手们不停地开弓射箭，手指都磨出了血，却一刻也不敢停下来。战马奔腾，骑士们挥动长刀，将敌人斩杀，马蹄之下，是被践踏的尸体。步兵紧随其后，用长矛捅穿敌人的胸口，用盾牌挡住敌人的进攻，每一次的冲击都伴随着血肉横飞。

武器的撞击声、骨头的断裂声与凄厉的惨叫声交织在一起，悲壮惨烈。如狂风暴雨般席卷过边境。所到之处，箭矢如雨下，村庄化为一片火海，地上血流成河。

这一战就是好几个时辰，太阳已升至中天，原本弥漫在战场上的薄雾已被血与汗代替。士兵们都很疲惫，但他们依然坚持着，对于他们来说，只要能撑到最后一刻，活着走出战场就是胜利……

好在，卫青最终还是获胜了，他的获胜可以说占全了天时地利人和。

从马邑伏击战中，汉武帝意识到，原来的将领过于保守，缺乏进取精神，难以适应主动进攻的需求。他认为要选拔年轻有为、有胆识的人担当重任。这一刻，他想到了卫青。卫青年轻又对他忠诚，他的姐姐又在后宫中，这些都表明了卫青是最

第一章 谁是龙城飞将

合适的将领人选。汉武帝的选择就是卫青的"天时"。

但是，是否要开始全面反攻匈奴呢？

马邑伏击战使得汉朝与匈奴之间因和亲而产生的"伪和平"的关系完全被打破了，因此匈奴对汉边境百姓的骚扰更加严重，匈奴直接攻到上谷（今河北省怀来县东南）。

汉武帝必须要作出决策了，一定要反击。汉朝此时经过数十年的努力，百姓富庶，兵强马壮。另外，汉朝此时已基本掌控同姓诸侯王的实力，中央集权达到前所未有的高度。所有这些，都为汉武帝主动征伐匈奴创造了充足的条件。为了扭转劣势，汉武帝在元光六年（前129），制订了作战计划，开始了大规模的征伐匈奴的战争。汉军进入了匈奴的腹地，对匈奴给予了沉重的打击。

汉武帝派出四名大将，每名将领率领1万骑兵，分4路攻入关市地区，史上称之为"关市诱敌奇袭战"。卫青得到重用，被任命为车骑将军，这是他第一次有机会领兵作战，从上谷郡出发征讨匈奴。其他3路分别是太仆公孙贺、太中大夫公孙敖、卫尉李广。其中公孙贺被任命为轻车将军，从云中（今内蒙古自治区托克托县）出发。公孙贺也参加过上一次的马邑伏击战，他是义渠人的后裔，因迎娶卫青的姐姐卫君孺，深得汉武帝信

017

任。公孙敖就是曾经救过卫青的骑郎，如今已经成为卫青的挚友，他担任骑将军，他从代郡（今河北省蔚县及周边地区）出发。同样参加过马邑伏击战的李广是第四路，被任命为骁骑将军，从雁门（今山西省忻州市境内）出发。

这四人之中，只有卫青是第一次领兵，另外三人都是经验丰富的老将。想必当时的情况，连汉武帝都没对卫青抱有希望，但是最后的结果却出乎了所有人的意料。在这一战中，卫青不负汉武帝所托，自上谷出兵后，直追匈奴军，追至龙城，杀敌700余人，大胜而归。其余三路的情况是，公孙贺并无战绩，他沿途并没有遇到匈奴兵，只能空手而归。公孙敖在匈奴兵下大败，折损了7000多人马。被汉武帝寄予最大期望的是李广，因为李广有着与匈奴数次交锋的经历，经常将匈奴打得落花流水，匈奴给他起了个"飞将军"的外号，很多年来，匈奴都对他敬而远之。

李广从汉文帝年间开始直到汉武帝时期，在边关驻守了数十年。李广原为右北平太守，右北平郡有李广坐镇，匈奴不敢侵犯。不过，匈奴不敢侵犯右北平，并不意味着匈奴不能翻越阴山去侵犯其他地方。这是李广一个人无法阻挡的，但是这足以证明李广是匈奴的天敌。

第一章 谁是龙城飞将

可是这一次李广率兵冒进,与匈奴主力相遇,汉军损失惨重,几乎全军覆灭,他自己也被俘虏,最后才侥幸逃脱。

本来李广带着1万铁骑从雁门关出发,打算与匈奴左翼部分的主力作战。但是这次李广的运气实在太差,他们遇见了伊稚斜单于与右贤王部落的主力部队,数十万匈奴兵将他们围困。由于匈奴人数众多,汉军溃不成军,李广身负重创,被俘虏。

李广的名声在匈奴是无人不知的,单于有活捉李广的机会,自然不会放过,他当即传令:"一定要将李广活着带回来!"李广重伤未愈,被匈奴铁骑用网包裹,放在两匹骏马中间,行出10余里,李广一直装死,直到看见一名匈奴青年策马而行,所骑的马又是一匹好马。李广这才有所行动,他纵身一跃,跳到那青年的马背上,一把将那人推开,夺下弓箭,策马南行数十里,才遇到残存的部队,一起回到了关塞。匈奴还派出数百名骑兵追赶,李广边逃边拿着弓箭将追赶他的人一一射杀,这才死里逃生。

虽然李广从战场上捡回一条命,但是毕竟打了败仗,回到京师之后,执法官判李广折损人马甚多又为匈奴所擒,按律当斩。但是当时朝廷可以用粮食或者钱财赎罪,所以李广交了赎金,被降为庶人,实在是让人唏嘘不已。

卫青 逆风翻盘的骠骑将军

那损失7000人的公孙敖又怎么样了呢？公孙敖带着1万骑兵出了代国，就遇上了一波从上谷郡洗劫回来的匈奴军，一场恶战，汉军死伤7000多人，这才不得不退兵。公孙敖同李广一样，士兵伤亡惨重，同样会判死罪。不过卫青怎么可能让他就这么死去？因此也交了罚金，赎清罪责，公孙敖也成为平民。

公孙贺之所以无功无过，则是因为他带着1万铁骑和车兵离开了云中郡后，绕着蒙古大草原转了一圈，没有见到匈奴兵，这才带着大军返回了汉朝境内。其实如果他像卫青那样，直接冲入龙城，也会有不错的战绩，他错过了一个封侯的大好时机。

实际上卫青同公孙贺一样，在草原上也没有遇见一个匈奴兵，那卫青到底是怎么做的呢？虽然他第一次征讨匈奴，却被任命为车骑将军，相当于骑兵和战车的统帅。卫青的任务是从匈奴的右翼与他们主力展开战斗，但是现在没有见到一个匈奴兵，就这样回去吗？这毕竟是第一次领兵打仗，就这样回去，他实在是不甘心。如果这次回去了，那以后还会有这样的机会吗？汉武帝就算是为了锻炼他，应该也不希望他就这么回去吧。

这个时候就体现出卫青的胆量了，他并没有选择在大草原上溜达一圈后撤退，而是选择了长途跋涉，突袭了匈奴王廷，攻打祭天龙城。而这个时候，龙城中并没有士兵，因为这些士兵都被派出去对付李广了。虽然匈奴人都会打仗，但生活在龙城中的大多数是不擅长打仗的贵族，一见到汉军就忘记了反抗，只会慌不择路地逃跑，甚至连附近的援军都找不到。由于匈奴没有丰富的历史底蕴，它与一个政权高度统一的独立国家相比，更像是一个各个政权组合的政治同盟。所以，在大部分时间里，匈奴本部和左右诸王基本上都是各自为政，互不配合，甚至以为只要守住几个要害，就能阻止敌人的入侵。这就是卫青的"地利"。

卫青自然是抓住这个机会，在龙城中大杀特杀，将匈奴杀个片甲不留，共俘获、斩杀了匈奴700余名老弱病残。虽说斩杀的敌军不多，但也算是攻下了匈奴的老巢，大胜归来，被封为关内侯。

能够取得龙城大捷，与卫青本人的努力和能力是密不可分的。公孙贺、公孙敖两人都是年轻一辈将领中的佼佼者，李广也是赫赫有名的名将，唯有卫青这个没有任何背景的私生子，进宫前甚至就是个下人，全靠着姐姐在皇宫里的宠爱，才得到了皇帝的青睐，他自然要加倍努力。因此，卫青以外戚的身份进入朝堂后，一直跟随在汉武帝身边观察和学习，对汉武帝征伐匈奴的目的、政策要求以及武帝的策略思考，都有深刻的认识，最终才有了这次带兵打仗的机会。所以这次他说什么也不能无功而返，宁可战死沙场。卫青以前没有带兵的经验，所以为了和士兵打成一片，他十分的体恤士兵，对将士们毫不吝啬，与他们同甘共苦，深受将士们的尊敬与喜爱。因此他第一次以车骑将军的身份率军出战时，手下人人都是英勇善战，令行禁止，这才有了龙城的胜利。这也是卫青的"人和"。

而龙城一战，除了卫青自己的努力外，不得不说，卫青实在是幸运，而且这次他的幸运达到了极致。匈奴人打仗时有一种特性：那就是一旦遇到比自己实力弱的敌人，就会一战到底；一旦遇到强敌，立即掉头就跑，根本不会有任何心理压力，即"利则进，不利则退，不羞遁走"。这一次汉武帝派出的4支军队，每路都是1万人，人数其实并不多。一旦与匈奴大部队相遇，双方的实力差距就会显现出来。按照前面所说，匈奴人看见汉军人数如此之少，一定会穷追猛打的。这也是为什么李广与公孙敖两人，在遭遇了匈奴大部队之后，损失了近七成的兵力，甚至全军覆没的原因。而卫青出发后，直接越过了正在与李广、公孙敖作战的匈奴主力，进入到没有什么防御的龙城，最后的结果自然是大胜。

但卫青一战成名，是有其必然性的，因为他已经做好了充分的准备，比任何人都要努力。汉武帝安排他领兵打仗，一方面是因为卫青的身份，另一方面就是看到了他的能力、果断与勤奋，汉武帝将他视为自己中坚力量中的重要人物。

事实上，无论是汉军还是匈奴，在龙城之战中，对于敌人的战术判断都是不足的。汉军这4路军队，李广在左翼，卫青在右翼，公孙贺和公孙敖在中间，却不能形成有效的配合。而匈奴主力则由右侧的上谷郡往左方雁门关进军，正好遇上了左翼的李广，而在右翼的卫青并没有遇到他们。匈奴主力将李广和他的部队逼入绝境，李广，运气确实不好。而匈奴则是倾巢而出，根本没有在后方布置任何防御措施，更没有料到卫青居然会对龙城发动突袭。匈奴斩杀了李广的队伍，取得了胜利。然而，匈奴的后方龙城却被卫青部攻破，这意味着匈奴在战术上已经被汉朝击败。可以说，是李广的"不幸"成就了卫青的"幸运"，其实这个"幸运"也给了公孙贺，但是公孙贺没有把握住，而卫青有过人的胆识，最终一举封侯。在龙城一战中，四名大将之间的差距，一目了然。除卫青本人勇猛果断之外，也和匈奴没把卫青放在眼里有关系，毕竟这是卫青第一次领兵打仗，自从汉朝建国以来，匈奴从来没有被汉人打败过，谁也没有想到，这个第一次打仗的人，竟然如此凶悍。

卫青 逆风翻盘的骠骑将军

龙城一战只斩杀匈奴700多人，而汉朝这边损失比较大，但是实际上却意义重大。卫青首次带兵出征，就把匈奴人的龙城给焚毁了。《史记·匈奴列传》中记载"五月，大会茏城，祭其先、天地、鬼神"。"茏"通"龙"，意思是水草丰美的地方。龙城，是匈奴供奉先祖、祭祀天地鬼神的神圣之地，同时也是维持其宗教信仰的场所。卫青毁掉了龙城，就相当于摧毁了匈奴的精神支柱，对汉朝军队士气的提升起到了很大的作用。

因此前面的那首诗中的"龙城飞将"，也有可能是指的卫青，说的是卫青奇袭龙城这件事。而卫青本身就是汉朝名将，正是因为卫青的存在，汉朝才有了战胜匈奴的信心，并且在卫青的带领下，收复了匈奴占领的大片汉人土地，使得匈奴的胡马不敢南下。但是不管"龙城飞将"指的是谁，那首诗所表达的都是"不教胡马度阴山"。

唐代诗人杨炯曾在其《从军行》中引用卫青破龙城一事："烽火照西京，心中自不平。牙璋辞凤阙，铁骑绕龙城。"可见奇袭龙城一事在历史中所占的地位，使匈奴再也不敢小觑汉朝的精锐骑兵。

这对汉武帝来说更是十分的重要，因为如果这一次他费尽心机促成的入匈之战再次失败，这必然会对他日后对匈奴的态度产生很大的影响，也会影响到他在朝堂上和百姓心中的地位，甚至有可能让整个国家失控。但是因为卫青的胜利，一切都不一样了，同时，汉朝在长期与匈奴的战争中，也摸索出了适合草原和沙漠作战的策略。

自此，汉朝迎来了一位能够肩负起抗击匈奴重任的杰出将领——卫青。他开启了自己金戈铁马、浴血奋战的征程，在辽阔的大漠中书写了一段段传奇。

那么，卫青是如何与汉武帝结缘的呢？他有如此高的军事素养，是否出生在一个世代为将的家庭？实际上，情况完全相反。卫青并非出身于显赫的武将之家，而是出身低微，是一个奴婢的儿子，拥有一个悲惨的童年。

第二章　私生子

在侯府深处，一座华美的宫殿里，正举行着一场盛大的宴会。今天是平阳侯府夫人宴请宾客的日子。平阳侯之妻乃是汉武帝的姐姐阳信公主，平阳侯曹寿是汉初丞相曹参的后代。阳信公主与平阳侯曹寿成婚后又被称为平阳公主。不过这个时候汉武帝还只是一个小孩子，但是这样并不影响平阳公主尊贵的地位。

殿内，宫灯高挂，映照着满室的华美。平阳公主身着一袭华丽的宫装，头戴凤冠，将她衬托得更显高贵，她微笑着看着每一位宾客。宾客们都穿着绫罗绸缎，佩戴着金银珠宝，他们低声交谈，互相推杯换盏，好不热闹。宴席上，珍馐美馔，酒香四溢。舞姬们身披轻纱随着乐曲起舞，动作轻盈，宛如仙女下凡。

而此时，平阳侯府一个偏僻的角落，有一间简陋的小屋，这里是卫媪的居所。她是平阳侯府中的侍女，在侯府如此热闹

第二章　私生子

的时候，她正在分娩。床上铺着干净的被褥，周围摆放着一些用于缓解疼痛的草药，还有热水。不过，并没有人照看她，所有人都在为平阳公主的宴会忙碌着。

夜色已深，烛火摇曳，屋内弥漫着紧张和不安的气息。躺着的卫媪紧握床沿，忍受着阵痛，她的额上满是汗珠。随着宫缩的加强，她发出低沉的呻吟，似乎连呼吸都变得极为困难。她的四个孩子躲在角落，大气都不敢出。幸好她之前有过四次生孩子的经历，这一次她告诉自己用力，再用力。听着远处宫殿悠扬的乐声，她的呼吸频率变得急促起来，只是她的力气似乎在一点点流逝，脸上写满了痛苦与恐惧。终于，在一次剧烈的宫缩后，婴儿的啼哭声响彻夜空，清脆响亮，是个男孩。卫媪眼里噙着泪水，脸上露出了疲惫而满足的微笑。

这个时候，平阳公主的宴会也结束了，月光将裹在孩子身上的粗布照得泛出淡淡的青色。

就叫"青"吧。

希望他也能平步青云，将来会成为宴席中的宾客。

卫媪轻抚着孩子的脸颊，尽管身体疲倦到了极点，心里仍是一片慈爱与期盼。

事实上，这个名字只是带着美好的祝愿，卫媪也不敢奢望太多，可是卫青日后却是真的平步青云了。

卫媪从来没有想过，这孩子日后会成为一名大将军，她的一个女儿会成为皇后，卫家也能跻身皇室之列。要是她能看到这一幕，她肯定会说自己真是幸运。

后来，唐代诗人王维写过一首诗，里面就有这么一句：卫青不败由天幸，李广无功缘数奇。"天幸"就是上天眷顾，幸运的意思。"数奇"指的是命数不佳，因为在古人的卜筮中，偶则吉，奇则凶。不过在《史记·卫将军骠骑列传》中有一句话："诸宿将所将士马兵亦不如骠骑，骠骑所将常选，然亦敢深入，常与壮骑先其大军，军亦有天幸，未尝困绝也。"意思是说，各位老将军所率领的兵士和马匹武器也不如骠骑将军的，骠骑将军所率领的是经常被挑选的士兵。但他也敢于深入敌军境内作战，常常和壮健的骑兵跑在大军的前面，他的军队也有好运气，未曾遇到绝大的困境。这么看来，"天幸"二字，指的是霍去病运气好，但卫青也是如此。卫青也曾带兵到过匈奴境内，但始终没有被围困，因此被认为是"有天幸"的。

在古代诗歌中，有不少是描写飞将军李广的，也有不少是描写霍去病的，他们这两人一个是郁郁不得志，一个是英年早逝，都是可悲可叹的，是文人心目中的传奇人物，自然有不少

第二章 私生子

人为他们作诗作词。有关卫青的诗歌不多，最著名的莫过于前面提到的这一句。

卫青由一个奴婢之子成为一个大将军，表面上看，他的运气很好，可是事实并非如此，卫青孩童时期的生活十分悲惨。

卫青出生于河东平阳（今山西省临汾市西南），出身卑微。他的父亲名叫郑季，是一名小吏，在平阳侯曹寿的府中做过事。在这段时间里，郑季和一个叫卫媪的奴婢有染，生下了卫青。"卫"到底是不是卫媪丈夫的姓氏，一直以来都有争论；"媪"的意思就是年纪大的妇女，也泛指妇女。所以卫媪并非卫青母亲的真实姓名，而是一个称呼。

卫青便出身于这种人家，他的生父虽然只是一个小小的官吏，却另有家室，也有子嗣，他的母亲卫媪有过丈夫，也有好几个孩子。卫媪在卫青之前还生有一子三女，长子卫长君，三个女儿卫孺（一说卫君孺）、卫少儿、卫子夫。卫青是一个私生子，从这样的角度来说，他应该并不是幸运的。

但是这样的环境和生活也让他看问题的角度不同。

这里毕竟是侯府，他的母亲之前是平阳侯的奴婢，也有说是妾的。如果是平阳侯的妾，那么她之前生下的孩子又都不是平阳侯的孩子，可见卫媪的身份只怕还不及妾室。后来平阳侯娶公主，卫媪就又开始服侍平阳公主。平阳公主是汉景帝与王娡的第一个女儿，王娡在入宫之前，嫁给了金家的人，生下一个女儿。有算命的说王娡是大贵之人，会生下天子，因此王娡的母亲便带她离开了金家，将她送给了太子刘启。后来王娡当上了皇后，又做了太后。从这里就可以看出，那个时代对女子的限制并不是很大。社会阶层的划分可以通过婚姻来打破，而这一切又有利于卫青日后的发展。不过这些都是后话。

卫青出生的年月日无从考证，只知道他出生在汉景帝时期。汉景帝是西汉历史上举足轻重的人物，继承其父汉文帝的遗志，与汉文帝一起开创了"文景之治"。

文景时期，社会趋于安定，物价越来越便宜，与民生息息相关的米价也下降得最厉害，而这也给其他事物的发展提供了一个很好的条件。

汉景帝当政的时候，社会、经济的复苏和发展已经到了一个比较成熟的阶段，因此，从汉景帝到郡县官员都对文化教育的发展给予了高度的关注。在当时的教育领域里，最引人注目的当属文翁办学。庐江郡舒（今安徽省庐江县西南）的文翁，自幼勤奋好学，被汉景帝任命为蜀郡太守，文翁开创郡县官学，在文化传播方面发挥了巨大的作用，为后世所肯定。

汉景帝在提倡文化教育的同时，也对贵族豪强进行了严厉的打压。为确保政令畅通，汉景帝果断地实施了一系列举措，其中最主要的有两条：一是效仿汉高祖迁徙豪强以实关中，将一些豪强迁移到阳陵郡，分化他们的宗族和派系，从而削弱他们的实力。二是任用郅都、宁成和周阳等一批酷吏，以震慑不法之徒，减少不法之事，使不法行为大为收敛，尤其是那些不法豪强，从而在一定程度上调节了阶级关系，促进了社会的进步。

这些措施的实施，使经济和社会的安定与发展得到了更大的推动，人口翻了一倍，国家富足，国库充盈。在汉景帝晚年的时候，国库中的钱多得数不清，串钱的绳都烂了；谷仓里堆满了谷物，有些已经发霉。然而，这也导致了贫富分化的加剧。这样的局面不仅为日后的汉武帝实现自己的雄才大略，奠定了坚实的物质条件，也在西汉中期引发了一系列新的社会问题。

总体而言，卫青出生在一个较为富裕、教育条件较好的社会环境之中，在这样的环境中，他得以读书识字。而且，他从小就跟着母亲在平阳侯府长大，生活在锦衣玉食的环境中，即使他本人没有过上这样的生活，但是他也有机会接触到一些达官贵人，是见过"世面"的。他虽然出身贫寒，身份卑微，是个私生子，但那个时候，社会对女人的宽容程度要高一些，所以对卫青来说，私生子并不是什么见不得人的事情。

可是卫媪毕竟只是一个仆妇，除去卫青，她还要抚养四个儿女。卫媪以前的丈夫到底是谁，现在无从得知，大概她的丈夫已经去世。家中并没有其他经济来源，可卫青的父亲郑季却还在人世。

以目前的情况来看，卫青跟随自己的父亲，以后的日子应该会好过很多，至少比当一个奴婢之子要好些吧。

所以卫媪将卫青送到了郑季那里，卫青便开始了新的生活。

第三章 放羊奴

晨光初照，山间的薄雾渐渐散去，露出了青翠的山坡和蜿蜒的小溪。卫青手中拿着一根细长的牧羊棍，早早地从简陋的茅屋中走出，他腰间挂着一个破旧的皮囊，里面装着几块干粮和一壶清水。

他轻声呼唤着羊群，羊儿们有的低头啃食着嫩绿的青草，有的懒洋洋地趴在草地上晒太阳。他细心地检查每一只羊，确保它们没有生病。

太阳升起来后，羊儿慢慢地动了起来，顺着那条熟悉的山路，向着山顶走去。正午时分，羊群寻到一片水草茂盛的地方，卫青也找了一块平坦的石头坐下，取出干粮和水，他望着羊群，心中对未来充满了迷茫。

夜幕降临，羊群回到了羊圈，他也回到自己的茅屋，点燃了一盏油灯，结束这一天的劳作。他躺在床上看着屋顶，今天其实过得还不错，没有被嫡母和弟兄打骂。难道他以后的生活

第三章 放羊奴

就都是这样的吗？最好的日子就是不被打骂？

此时的卫青，实际上并不叫作卫青，他应该随父姓叫郑青。作为一个小吏，郑季的工作也就是做些杂事，小吏并没有品级，但是对于普通人，尤其是对于奴婢出身的卫媪来说，郑季已经是很厉害的人了。

于是卫青被卫媪送到了郑家，那时候卫青到底多大并不清楚，但是想来已经懂事了。卫青来到郑家之后，便被派去放羊。从那以后，年幼的卫青就得每日早起走很远的路去放羊，遇上风霜雨雪是不可避免的。不仅如此，劳累一天的卫青回家后，还要被呵斥打骂。郑季的正妻自然不喜欢卫青，甚至是厌恶，郑季其他的儿子对卫青也不好，他们都瞧不起卫青，对他呼来喝去的，处处找他的麻烦。说卫青是郑家的奴仆也不为过。

卫青在平阳侯府的时候，虽然是奴婢的私生子，但是因为他那时候年纪小，就算是受到白眼，恐怕也并不太懂其中的含义。现在他在自己亲生父亲家中，不仅被人看不起，还要被打骂，过得可能还不如奴仆。这对他来说，是一种精神上的打击。他见识过平阳侯府的富贵，也看到过正常人家中孩子该过的日子，难道他就应该成为郑家的奴隶，一辈子当一个放羊奴吗？未来的几十年都要在放羊与打骂中度过吗？

幸运的是，冷漠的家人和艰苦的劳动没有打败他，这些都成为他的养分，让他成长得更加迅速，他养成了刻苦耐劳、坚韧不拔的性格，身体也日渐强壮起来。

后来还发生了一件有趣又带有预言的事情。有一次，卫青随其他人到了甘泉宫，那里的一个囚犯见他相貌堂堂，气度不凡，就对他说："你面相很好，是贵人面相，将来必为王侯将相。"卫青听了这话，觉得根本就是在开玩笑，自己在家中被当成奴仆使唤，哪里能成为王侯将相？他以为囚犯是出于好意开解他，勉强笑了笑，说："我是奴仆的儿子，能不挨鞭子就不错了，哪敢奢望成为什么王侯将相？"

在《史记·卫将军骠骑列传》中是这样记载这件事的："青尝从入至甘泉居室，有一钳徒相青曰：'贵人也，官至封侯。'青笑曰：'人奴之生，得毋笞骂即足矣，安得封侯事乎！'"

钳徒是指那些受过钳刑的犯人，钳是古刑具，是脖子上系着的铁圈，钳刑是用铁器把人的脖子、手和脚捆起来。在影视剧中我们经常看见这种刑罚。这样的一个人和卫青说了这么一句话，按道理其实是不可信的，但是在古代，很多人都相信算命和相面。前文提到的王娡王太后便是如此，因为被算命的说她能当太子之母，便被送进宫中。

第三章 放羊奴

在西汉之前也有过不少这样类似的事情。

高祖尝告归之田。吕后与两子居田中,有一老父过,请饮,吕后因哺之。老父相后曰:"夫人天下贵人也。"令相两子,见孝惠帝,曰:"夫人所以贵者,乃此男也。"相鲁元公主,亦皆贵。老父已去,高祖适从旁舍来,吕后具言:"客有过,相我子母皆大贵。"高祖问,曰:"未远。"乃追及,问老父。老父曰:"乡者夫人儿子皆以君,君相贵不可言。"高祖乃谢曰:"诚如父言,不敢忘德。"及高祖贵,遂不知老父处。(《汉书·高帝纪》)

这个故事是关于汉朝开国皇后吕后的,当时吕后正带着两个儿女在田地里劳作,一位老人路过,口渴便问吕后要了点水喝。老人看了看吕后的相貌,说:"夫人是天下最尊贵的人。"又看了看她的两个儿女,其中一个就是后来的孝惠帝,又说:"夫人之所以成为贵人,就是因为这个男孩。"又看了小女孩,也就是未来的鲁元公主,也是贵人。老人离开之后,刘邦从旁边的屋里出来,吕后将事情的经过跟他说了一遍。刘邦听完,立刻追了上去。老人看了看刘邦的相貌,说道:"你的妻子和孩子成为贵人都是你的功劳,你的面相贵不可言。"刘邦十分高兴:"如果真的如你所说,我不会忘记你的恩德。"后来刘邦打败了项羽,建立汉朝,但是也不知道这个老人去哪儿了。

关于相面还有一个故事,也与刘邦有关系。

> 高祖薄姬,文帝母也。父吴人,秦时与故魏王宗女魏媪通,生薄姬。而薄姬父死山阴,因葬焉。及诸侯叛秦,魏豹立为王,而魏媪内其女于魏宫。许负相薄姬,当生天子。是时,项羽方与汉王相距荥阳,天下未有所定。豹初与汉击楚,及闻许负言,心喜,因背汉而中立,与楚连和。汉使曹参等虏魏王豹,以其国为郡,而薄姬输织室。豹已死,汉王入织室,见薄姬,有诏内后宫,岁余不得幸。(《汉书·外戚传》)

汉文帝的母亲,是刘邦的妃子薄姬。她在嫁给刘邦之前,曾经和一个叫魏豹的男子成婚。当时天下未定,魏豹自立为王。这时有个叫许负的女相师给薄姬相面,说她的儿子将来会成为皇帝。魏豹一听,顿时乐开了花,自己妻子生的孩子能当皇帝,

第三章　放羊奴

那岂不是说，他能在这个乱世里，成为帝王？后来刘邦击败了魏豹，将薄姬收为自己的妃子，薄姬给刘邦生下一个儿子，名为刘恒，即汉文帝。这个预言也就成真了。

但是这些故事都离卫青太遥远了，而随着卫青年纪越来越大，他也越来越承受不了这样的日子。

关于卫青父亲的记载，在史料中也只有寥寥数语：青为侯家人，少时归其父，父使牧羊。民母之子皆奴畜之，不以为兄弟数。郑季在之后便没有出现了。不知道在卫青飞黄腾达后，他的父亲与兄弟是否会后悔。可以说，郑季之所以在历史上留下了名字，是因为郑季对卫青的错待。"钳徒论相"后来也成为一个成语。

卫青最终下定决心，要远离他的亲生父亲，从此摆脱被人歧视和凌辱的命运。或许那个钳徒说的话已经在卫青心里发芽了，而且无论他相不相信那些话，从目前的情况来看，将来他最好的结果也不过是放羊倌。还不如回去和母亲在一起，或许未来还可以有其他的可能。

长大的卫青决定回到平阳侯府，回到母亲身边，他的人生似乎回到了原点，但是对于卫青来说他的人生因为这个选择而走向了另一个方向。

第四章 公主骑奴

清晨，天刚蒙蒙亮，卫青便开始了在平阳侯府一天的劳作。他需要照料马匹，包括给它们喂食、刷洗、打扫马厩，等等。这些工作往往繁重而脏乱，但是卫青从来都不嫌弃，卫青对马儿的照料格外用心。卫青不仅仅要照顾马匹，还要在公主出行的时候，负责牵马、备鞍、驾驭，保证她的安全。这些工作需要小心翼翼，能够直接影响着他的命运。如此看来似乎也并没有比之前的生活好多少。

他从一个放羊奴成为公主的骑奴。

不过渐渐的，卫青对这些马也有了感情，能够了解马匹的需要和情绪。他梦想着有朝一日能成为一名真正的骑士。在一片辽阔的草原上，他身着战袍骑着健壮有力的战马策马奔腾。马蹄踏在柔软的草地上，伴随着骑士们悠扬的号角声和战鼓的敲击，发出沉闷而有节奏的响声。马背上的鞍具精巧而实用，马镫和缰绳在阳光的照耀下闪闪发光。骑士们眼神坚定，手中

第四章 公主骑奴

紧握着长矛或弓箭,严阵以待。当夕阳缓缓落下时,骑士们放慢了马速,开始在草原上悠闲地漫步,享受着一天的收获和即将到来的夜晚的宁静。

这便是骑士与骑奴的区别。但是骑奴的生活与放羊奴的生活还是有区别的,最少是充满了希望。

马匹在那时意义重大,是非常重要的交通工具,甚至是作战工具。中原内陆地区自古缺乏马匹,这不仅阻碍了骑兵的发展,也不利于生产力的发展,对交通运输等方面的发展也造成了极大的制约。汉景帝登基以后,致力于马政的发展。他下令扩大马苑,并鼓励各州和平民养马。汉景帝年间,随着养马业的蓬勃发展,军马产量已达到相当可观的规模,官府拥有的马匹达到40万匹。因此,骑奴远远比放羊奴要有前途多了。

卫青回到公主府的年龄并没有记载,只说是"青壮",而且之前钳徒称赞过卫青"官至封侯",想必卫青长得也是一表人才。而长大成人的卫青聪明又勤快,所以,平阳公主对他宠爱有加,因此卫青又成为公主的侍从。在公主府中,卫青也渐渐学会了更多的文化知识,随着眼界更加开阔,他也学会了许多人情世故。

卫青如今所欠缺的,不过是一次一步登天的机会而已,很快，机会就来了。

汉景帝后元三年（前141）一月十七日，皇室迎来了一位年轻的皇帝，年仅16岁的刘彻。不管是在殿里叩首的大臣们，还是背后主持朝政的太皇太后，恐怕谁也想不到，这位年轻帝王，将会征讨匈奴、开创丝绸之路、尊崇儒术，成为名副其实的大帝。

在刘彻登基后的第三年的春天，也就是建元二年（前139），刘彻出宫祓禊祈福，在回程的时候路过公主府，便想去探望一下姐姐平阳公主。这就是卫青的机会。

说起刘彻，他贵为皇子，记录下来的童年经历要比卫青的更加翔实。

他的出生也带有玄幻色彩，王氏怀上他的时候，做梦梦见有一轮太阳到自己的怀中。这个时候汉景帝还是太子，王氏把这件事告诉了汉景帝，汉景帝说："这是吉兆。"汉景帝登基没多久，刘彻就降生了，这也是汉景帝登基之后生下的第一个儿子，所以他十分得汉景帝的喜爱。

刘彻最开始叫刘彘，自幼聪慧，他3岁的时候，汉景帝把他抱在怀里，问他："你愿意成为天子吗？"刘彻回答："由天不由儿。我愿意天天待在皇宫里，陪着父皇。"当时刘彻年纪这

第四章 公主骑奴

么小都能随口说出这样的答案，让汉景帝对他刮目相看。刘彻记忆力惊人，求知欲旺盛，尤其喜欢看那些历史上的圣人、皇帝的故事，而且他都能记住。汉景帝对此十分惊讶，觉得他"讼伏羲以来群圣，所录阴阳诊候龙图龟册数万言，无一字遗落。至七岁，圣彻过人"，因此汉景帝将"彘"改为"彻"，意为聪慧，符合圣人道德的标准。这个时候汉景帝也有更换太子的想法了。

在此之前，汉景帝已经立了宠妃栗姬的儿子刘荣为储君，被称为栗太子，刘彻是唯一一个与太子同年被封为王爷的人，他被封为胶东王。可见汉景帝对他的宠爱。这一点，和卫青是截然不同的，卫青的成长过程中是完全没有父爱的。但是刘彻的成长历程却更加的惊心动魄。

没过多久，馆陶长公主刘嫖给了刘彻取代栗太子的机会。刘嫖是窦太后的女儿，汉景帝的姐姐，她的女儿阿娇到了要成亲的年龄。刘嫖想将她许配给太子刘荣，但是栗姬不喜欢刘嫖，所以拒绝了这门婚事。汉代的女子，包括公主在内，普遍都是十三四岁到十六七岁之间成婚。馆陶公主是在汉文帝三年（前177）成婚，她的弟弟汉景帝出生在惠帝七年（前188），馆陶公主必然要早于这一年出生，算起来，馆陶公主初婚年龄最少是13岁。汉代其他公主的初婚年龄大致也是如此。既然栗姬拒绝了馆陶长公主，那么长公主就想把阿娇嫁给刘彻，当时刘彻不过才三四岁，所以阿娇至少比刘彻大了10岁。但是刘彻的生母王娡同意了，就这样，汉景帝四年（前153），刘彻与阿娇订婚，具体什么时候成亲，史料上并没有记载。这件事就是著名的"金屋藏娇"。

有一次，汉景帝生病了，想到了身后事，就想将所有封王的儿子都托付给栗姬，告诉她："等我走了之后，你要好好照料他们。"栗姬不但不答应，还出言不逊。汉景帝非常生气，但是没有发作出来，只是记在心里。而馆陶长公主记恨栗姬拒绝了她的婚事，便每天在汉景帝身边夸赞刘彻如何如何好，并且说了许多栗姬的坏话，导致汉景帝越来越不喜欢栗姬。而汉景帝也开始考虑立刘彻为太子，他也觉得刘彻德才兼备，再加上之前王娡生产时梦见过吉兆，只是他一直没有下定决心。

这个时候就轮到王娡出手了。她知道汉景帝对栗姬越来越不满，趁着汉景帝还在气头上，便秘密派人催促大臣在朝堂上奏请立栗姬为皇后，说："子靠母贵，母靠子贵，现在太子的生母应该被立为皇后，栗贵妃还没有封号。"这个时候之前的薄皇后因为无子嗣已经被废。汉景帝听了这话后大怒："这话是你应该说的吗？"最后，汉景帝居然将这个官员处死，太子也被废除，改封他为临江王。栗姬从此再也见不到汉景帝，没过多久，伤心过度而亡。最后，王娡做了皇后，刘彻被立为太子。

后来汉景帝患病，他自知时日不多，临死前告诉太子刘彻："人不患其不知，患其为诈也；不患其不勇，患其为暴也。"之后病逝于长安未央宫，葬于阳陵，太子刘彻即位称帝，这就是汉武帝。

但是成为皇帝的刘彻也有烦恼，主要原因是朝政被窦太后把持着，而且自己一直没有子嗣。虽然他才16岁，但是子嗣对他来说是很重要的事。刘彻登基第二年，也就是建元二年（前139），刘彻的舅舅田蚡在霸上（在今陕西省西安市东南白鹿原北首，蓝田西）迎接淮南王刘安的时候说："当今天子没有太子，您是高祖皇帝的亲孙子，您的仁义之名天下皆知。如果有一天天子驾崩，您是有资格继承皇位的。"淮南王听后，高兴得不得了，赏赐了田蚡大量的黄金和财物，暗中结交有才华之人，安抚民心，密谋谋反。由此可见，没有子嗣对皇位的影响有多大。刘彻刚刚登上皇位，就有人开始惦记他的身后事了。

刘彻去平阳公主家的时候在三月初三上巳节。平阳公主其实早就等着这一天，她买来附近的大户人家的女儿，养在家里，给刘彻准备着，预备让刘彻选来当妃子。当年汉景帝身边有好几个美人都是馆陶长公主进献的，所以馆陶公主才会如此权势熏天。平阳公主也想借着这样的机会上位，成为刘彻的心腹。这次平阳公主便将这些女子打扮得漂漂亮亮的，让刘彻随意挑选。

如今卫青也长大了，几位姐姐也都到了出嫁的年龄，其中又以卫子夫最美。卫媪的女儿都成为平阳侯府的讴者，讴者就是唱歌的人，也就是歌姬。她们在平阳公主的身边伺候着。想来卫家的女儿身份不高，因此进献的美女里并没有她们。

不过，刘彻见了那些美人后，没有一个让他满意的。刘彻与平阳公主对酌时，有讴者进来，跳舞唱歌来助兴，这里面就有卫子夫，而刘彻唯独喜欢卫子夫。从这一点就能看出来，卫子夫是真的很美。刘彻起身借故更衣进入旁边的房间，卫子夫则跟随他去房间里侍奉，受到刘彻的宠幸。等到刘彻再回到自己的座位上时，心情大好，赏了平阳公主黄金千斤。平阳公主趁此机会，请求刘彻将卫子夫带回宫中。刘彻自然是同意的，卫子夫离开前向平阳公主告别，公主拍着她的后背说："去吧，以后就要靠你自己的努力了，如果尊贵了，不要把我忘记了。"

这是平阳公主给的一个机会，也是卫子夫，更是卫青平步青云的机会。

第四章 公主骑奴

在西汉时期，男人选择妻妾时并没有严格的门第之分，这给了那些丽容秀貌、能歌善舞又出身低微的女子向上爬的机会，当然能爬上去的也只是少数，并且得有机会接近高官显贵才可以。到了汉武帝的时候，就开始对皇后、妃嫔的出身有了限制。在东汉时期，随着豪族势力与世族的发展，帝王择妃的过程与步骤日趋正规化、精细化，仅限于官宦之家或豪富人家。卫子夫进宫之后，卫青便被推荐到了宫里，当时卫青在建章宫供职，做一些杂务。可能这个职位与他父亲郑季差不多吧，都是一个小吏。

从一个放羊奴到宫中的小官吏，卫青的生活发生了翻天覆地的变化，卫青也正式将姓改为卫，有说他是在回到母亲身边的时候改的，也有说是在这个时候改的。不过不管怎么说，卫青已经和父亲一家再无瓜葛了。

而在《史记·卫将军骠骑列传》，关于这件事其实只有两句话："青壮，为侯家骑，从平阳主。建元二年春，青姊子夫得入宫幸上。"

那么之前那个钳徒的预言会不会变成现实？一切似乎变得越来越好，卫青梦想着能大展宏图。然而，卫青不但没有走上一条坦途，反而遇到了杀身之祸。

第五章 给事建章

深宫的夜,总是寂静得让人窒息。月光透过高高的宫墙,洒在空荡荡的庭院里。卫青站在宫墙之内,身影被拉得老长。他目光灼灼,却难以掩饰自己的彷徨。四周宫墙高耸,将外界的所有事物都隔绝开来,在这漫漫长夜之中,即使他不过才十几岁,但他心中竟然有一种苍凉之感。不时有晚风拂过,带着远处宫娥的低语和轻笑声,但在他听来,不过是遥不可及的幻听。有时候,他心中也会有一种向往,渴望能坐在宫殿中,去感受那些他从未体验过的奢华生活。但很快,这些渴望就会被他坚定的责任感取代。他很清楚,要想实现他心中的渴望,仍然需要契机……

卫青虽然从骑奴成为小吏,但距离封侯拜相还有很长的一段路要走,而卫子夫选择的这条道路也很崎岖。

卫子夫进宫的这一年多里,因为陈皇后的嫉妒,她被贬为宫女,自此再没有被汉武帝宠幸过。后来汉武帝放出了一批不

第五章　给事建章

被使用的宫人，让他们回家，这里面就有卫子夫。卫子夫并不甘心就这样离宫回家，她毕竟不是普通的女子。卫子夫借着这个机会见到汉武帝后，故意反其道而行之，痛哭着要求离开皇宫。汉武帝怜香惜玉，再次临幸卫子夫。而卫子夫再次把握住机会，她怀孕了。从此，汉武帝对她的宠爱与日俱增。这个时候是建元三年（前138）。

卫子夫怀孕之后，一直没有怀孕的陈皇后自然无法忍受。在那个时候，皇位一般是由嫡长子继承，如果没有嫡长子，则后宫妃嫔所出之子便可成为储君，而储君生母的地位也会随之水涨船高，这便是"母以子贵"。现在陈皇后所面临的情况就是这样，卫子夫有了身孕，陈皇后自然会觉得自己的地位岌岌可危。她本是要对卫子夫不利的，但卫子夫深得汉武帝欢心，陈皇后不好对她动手。她便想起了自己的母亲馆陶大长公主，当初就是她把自己送上后位的，现在的局面只能靠母亲解决了。馆陶大长公主怕自己的女儿失了宠，便想了一个法子：动不了卫子夫，就动卫子夫的弟弟卫青。长公主派人将卫青逮捕下狱，想要处死卫青，正在怀孕的卫子夫知道，说不定就会伤心欲绝而流产。

人生总是充满了变数，刚入宫的卫青，原本还想着靠自己的能力改变人生，没想到会遇到这么大的祸事。他关在牢里的时候只能等死，根本无法自救。就在这危急关头，骑郎公孙敖带着几个平日里与卫青交好的勇士闯入牢房，带走了卫青。卫青因好友公孙敖奋不顾身的施救，才逃过一劫。不然汉武帝后来即使知道这件事责罚馆陶大长公主，也不过就是罚些钱财，他的生命却再不会回来了。

卫青从这件事上彻底认识到了皇宫中的阴谋诡计可以轻易让一个人丧命，从此越发的小心翼翼。好在直到这一刻，汉武帝刘彻才真正地注意到了卫青的存在。

在《史记·卫将军骠骑列传》中明确记载：

> 皇后，堂邑大长公主女也，无子，妒。大长公主闻卫子夫幸，有身，妒之，乃使人捕青。青时给事建章，未知名。大长公主执囚青，欲杀之。其友骑郎公孙敖与壮士往篡取之，以故得不死。上闻，乃召青为建章监，侍中，及同母昆弟贵，赏赐数日间累千金。孺为太仆公孙贺妻。少儿故与陈掌通，上召贵掌。公孙敖由此益贵。子夫为夫人。青为大中大夫。

第五章　给事建章

这里面的给事建章和建章监到底是什么官职呢?

在卫青刚入宫的时候,担任的是给事建章,在当时有个宫殿叫作建章宫,汉武帝为了方便出行,在宫殿之间修建了飞阁辇道,可以从未央宫通往建章宫。宫城内也分布着许多不同形式的宫殿建筑。那么给事建章大概意思就是在建章宫做杂事,建章监就是监管建章宫的意思。这么说来,这个职位并不低,能够管理一座大宫殿。

但实际上,建章宫建立于汉武帝太初元年(前104),这个时候卫青已经去世两年了,卫青去世时建章宫还未建好,他怎么可能"给事建章",又成为"建章监"?

在《汉书·武帝纪》中有一段关于建章宫的记载:

> 太初元年冬十月,行幸泰山。十一月甲子朔旦,冬至,祀上帝于明堂。乙酉,柏梁台灾。十二月,禅高里,祠后土。东临勃海,望祠蓬莱。春,还,受计于甘泉。二月,起建章宫。

大意便是因为柏梁台受火灾,所以建造建章宫。

卫青是建元二年(前139)"给事建章",任"建章监"一职。所以这个时候的建章宫并不是前面所说的那个大型的宫殿群组。建元三年（前138）的时候，汉武帝在秦代的一个破旧的宫苑基础上进行了扩大，建成了一座大型宫殿群，叫作上林苑。上林苑规模宏大，宫殿数不清，功能多样，后来的建章宫就是这样的。所以建章宫可能原本只是一座小宫殿，后来因为"柏梁台"失火之后，有官员提议再建一座更大的殿宇，以厌胜火灾。所以建章宫与上林苑一样，原本都是秦朝时期的宫殿，也都是扩建。卫青当时所在的那个建章宫，可能只是最初的那个名为建章的小宫殿。

最重要的是，卫青担任建章监之后，就可以伴随在刘彻身旁。而他的兄弟和姐姐也都受到了赏赐，卫青也再次晋升。汉武帝把他和他的兄长卫长君叫到身边，担任侍中。侍中是古代的一种官职，秦朝开始设置，两汉继续沿用，是正规官职之外的加官之一。由于在皇上身边侍奉，进出朝堂，耳闻目睹朝政，渐渐会成为类似心腹这样重要的职位。晋朝之后，侍中曾相当于宰相。

再后来，子夫为夫人，青为大中大夫。

大中大夫就是太中大夫，"大"通"太"，是秦朝时的官职，主要工作内容是给皇上提各种意见、出谋划策的，就算是皇帝

第五章 给事建章

的圣旨，如果觉得不合理，也有权利反驳。至于要不要听从，那就要看皇上的意思了。自汉代以来，历代朝代都有这个官职，在唐朝是从四品。看得出来，刘彻对卫青还是很信任的。这是因为刘彻当时在组建自己的团队。

卫子夫也因怀孕被汉武帝封为夫人，在当时，夫人的地位仅次于皇后，而陈皇后已经失宠，按道理来说，卫子夫在后宫中应该算是地位很高的了，但是她头上还有两座大山。一座是王娡王太后，一座是窦太皇太后（窦漪房）。这里面窦太后才是重中之重，甚至给汉武帝也带来了不小的麻烦。

窦太后在其丈夫汉文帝时期就已经开始对朝政产生了影响，在她的儿子汉景帝登基后，窦漪房由暗转明，继续插手朝政，从国事到储位，再到家事琐事，但凡窦太后决定的事情，汉景帝都不能直接反对。往往都是周亚夫和袁盎这样的敢于直言的能臣出面，才能解决问题。窦太后在朝政中的地位如此之高，可以说，她是汉武帝时期权势最大的人物。若论窦太后对于汉武帝的影响，则可追溯至刘彻为太子之时。

最开始，窦太后想立自己的儿子也就是汉景帝的弟弟梁王为储君。窦太后与汉景帝也因为这件事一直在争执。直至袁盎向窦太后提出宋宣公不立子而立弟，以致祸乱五代的惨剧，终于使窦太后打消了这个念头。既然不能立自己的儿子，那就只能立汉景帝的儿子了。

汉景帝一共有14个儿子，都是庶出，那么除了栗太子刘荣外，选谁做太子呢？

在这种情况下，谁能得到窦太后的赏识，谁就最有可能继承皇位。

而这个时候，王娡和长公主刘嫖达成了秘密协议，刘嫖帮助刘彻成为储君，刘彻娶自己的女儿阿娇。刘嫖深得窦太后喜爱，窦太后对她的喜爱程度可与梁王比肩，窦太后的遗诏是将自己宫中所有的金银财宝全部给长公主刘嫖，足见对其疼爱之深。现在梁王已经没有了被立为储君的可能，而女儿提供了一个好的选择——刘彻，窦太后也就顺理成章地站在了女儿这边。正好，汉景帝也很喜欢刘彻，两人难得没有争执，一拍即合。于是汉景帝就立了王娡为后，过了12天，又立胶东王刘彻为太子。《史记·周勃世家》中有这样的记载：王娡成为皇后以后，窦太后就劝景帝赶快把王娡的哥哥王信封为侯，可是景帝却说要等刘彻继位后才封侯，所以王信并没有被封。由此可见，窦太后对太子、皇后都很满意，主张封王娡的哥哥。若窦太后不赞成立刘彻做储君，她主动要封王信为侯的这件事是没有可能发生的。

窦太后到了汉武帝这一代，经历了三代人的漫长岁月，她依旧没有放弃对权势的渴望，甚至因为多年积累，她对权势的欲望更加的强烈，手段也越发得心应手，年轻的汉武帝在她的打压下举步维艰。

汉武帝和窦太后之间最大的矛盾在于汉武帝年轻气盛，主张"有为"的儒家学术，窦太后则持黄老之道，主张清静无为。窦太后这种干涉，早在景帝朝就已经开始了。《史记·儒林列传》有这方面的记载。汉景帝喜欢儒家思想，偶尔听儒道之辩，只是窦太后好黄老之道，又有权势，所以朝中为数不多的儒士并未得到重用。窦太后曾和儒士辕固生谈话，辕固生说《老子》是"家人言耳"，这个"家人"并不是咱们认为的家人，在当时是仆役的意思，属于平民阶层。此"家人言耳"，言下之意，就是下等人说的话。辕固生这番话，既是对老子学说的不敬，也是对出身平民、又做过宫中婢女的窦太后的一种侮辱。因而窦太后勃然大怒，把他丢进野猪圈，可见窦太后的残忍，更使人知道她对黄老之道的尊崇。汉朝以仁孝治国，太后喜好黄老之道，所以皇帝与太子都不得不学习《黄帝》《老子》，尊其术。

只是汉武帝年轻气盛，又不像父亲那样什么都听窦太后的，既然不能与她正面抗衡，就只能暗中试探，打算慢慢地转变窦太后的想法。武帝在登基以后，首先做的事情，就是推行儒学，广纳贤良，他任命窦婴、田蚡这两个"俱好儒术"的外戚分别担任丞相、太尉。这一次厌恶儒学的窦太后却没有什么大的举动，只是有些不满罢了，看起来她似乎是放任自流，大有不管了的趋势。这让雄心勃勃的汉武帝和儒臣们理解成了窦太后要退居后宫，就有御史大夫赵绾给汉武帝上书，往后不再向窦太后请示政务。但是这却捅了马蜂窝，窦太后听闻赵绾等人欲让自己放手朝政，大为震怒，开始反击武帝的崇儒之风，罢黜窦婴、田蚡、赵绾三人的职位，又罢免了朝中几个有分量的儒臣。她又亲自任命几个黄老学派的重要官员。汉武帝登基以来的第一次大动作，在窦太后的强力镇压下，以失败收场。

自那以后，汉武帝大兴土木，纵情声色，原本是野心勃勃的少年天子，后来却成了一个耽于享乐的花花公子，更是因毁坏田地，惊动了官府："微行以夜漏下十刻乃出，自称平阳侯。旦明，入南山下，射鹿豕狐兔，驰骛禾稼之地，民皆号呼骂詈。鄠、杜令欲执之，示以乘舆物，乃得免。"(《资治通鉴》)大意就是，晚上的时候汉武帝自称平阳侯出行打猎，射杀了一群野兽，在田野上奔跑，百姓们都在叫骂。官府想要抓捕他，他出示信物，才没有被抓起来。

关于卫青与汉武帝相识，还有一个小故事。据说卫青在刚进宫的时候，曾经负责过养马。有一天，汉武帝去打猎，他一箭射中了马腹，围在他身边的羽林军都对他的箭法赞叹不已。然而，在这一片赞扬声中却有一道出乎所有人意料的声音："陛下，您不能这样做！您射杀的是军马！"说话的人正是卫青，他随即跪下，给受伤的马处理伤口，并面露悲痛之色："如果我们连自己的战马都不珍惜，那么这个国家的未来又在哪里呢？"汉武帝一听，怒气冲冲地质问卫青："你好大的胆子，竟敢和朕这么说话！"卫青丝毫不惧皇上的怒气，他坚定地回答："陛下，我们之所以难以战胜匈奴，不是没有原因的。匈奴人珍视他们的马匹如他们的生命，这是我们所没有的。更令人痛心的是，为了求得一时的安宁，我们每年都要把公主送去和亲。我们大汉男儿们的勇气和血性，究竟去了哪里？"

卫青的一番话让汉武帝深受感动，他想不到一个小吏，居然能够洞悉天下之事，能够为国家大局和天下苍生着想。卫青所说的这些话，不但显示出他的智谋与远见，而且使汉武帝深受感触，对卫青更是另眼相看，印象深刻。

这件事到底是真的还是假的无从考证，但是卫青曾经就是公主府的一名骑奴，对马的感情应该是不一样的。汉武帝一直都想征服匈奴，他的父亲汉景帝也知道养马的重要性，恐怕汉武帝不会干出射杀马的事情来。当时汉武帝应该一直处在窦太后的威压之下，故意花天酒地、荒诞行事，倒也可能做出这种事来。

馆陶长公主、陈阿娇等人，仗着辅佐汉武帝登基，骄纵跋扈，目中无人，这引起了汉武帝的反感。汉武帝慑于窦太后的权势，为了保住自己的帝位，不得不咽下这口气。这时汉武帝虽然是皇帝，却没有实权，窦太后才是真正掌控朝政的人，汉武帝在外面表现得无所事事，对内取悦窦太主和她母亲，这让窦太后很满意。

卫氏一家就是在这个时候出现的，他们出身卑微，唯一的"靠山"可能就是平阳公主。而平阳公主则是依靠着刘彻，可以说，卫氏一族都在汉武帝的掌控之中。汉武帝大手一挥，卫青的姐姐们都有了好的出路。

长姐卫孺，嫁给了太仆公孙贺，公孙贺也因此更受汉武帝的信任。二姐卫少儿与陈掌有私情，于是汉武帝就给了陈掌高官厚禄。公孙敖因为救了卫青，又与卫青关系亲近，因此也被汉武帝看重。纵观整个汉朝，再没有这样的人家了。

第五章　给事建章

不过很快，汉武帝束手束脚的局面大为改观。4年后也就是建元六年（前135），窦太后驾崩。但是陈皇后仗着汉武帝因为她而被立为太子又仗着她母亲的权势，气焰嚣张，看见卫子夫受宠，怒不可遏，几次寻死觅活，汉武帝自然越发地不喜欢她。后来有一个叫楚服的巫女告诉她，自己有一种术法，可以让汉武帝对她回心转意，她为了得到汉武帝的宠爱，勾结楚服使用巫蛊之术。陈皇后除施巫术以外，还让楚服穿男装与自己住在一起，就如同夫妻一般。

　　武帝时，陈皇后宠衰，使女巫着男子衣冠巾帻，与后寝居，相爱若夫妇。上闻穷治，为女而男淫，废后处长门宫。（明朝沈德符《野获编·内监·对食》）

　　然皇后宠送衰，骄妒滋甚。女巫楚服，自言有术能令上意回。昼夜祭祀，合药服之。巫着男子衣冠帻带，素与皇后寝居，相爱若夫妇。（《汉武故事》）

这件事很快暴露出来。元光五年（前130），汉武帝下令严惩此事，楚服因为用巫蛊之术供奉邪神，诅咒皇帝，被定了"大逆无道"的罪名，斩首，以示天下，又有300多人受到了牵连。陈皇后因为不遵礼法，祈祷鬼神降祸于人，无法承受天命。把皇后的玺绶归还，废除皇后之位，退居长门宫。

卫子夫在这场没有硝烟的宫斗中成为胜利者，卫家也以外戚的身份登上了政治舞台，从建云三年（前138）到元光六年（前129）这10年，卫青一直跟随在汉武帝身边，作为侍中与皇上一同聆听朝政，后来更是被任命为大中大夫，可见汉武帝对他的信任。这10年的蛰伏，为卫青后来七征匈奴、执掌朝政，奠定了坚实的基础。

也因此有了卫青初伐匈奴的胜利，他以一名武将的身份正式站在众人面前，第一次打胜仗的卫青很快就又迎来一件大喜事……

第六章 两战匈奴

元朔元年（前128），登基12年的汉武帝终于迎来了他的第一位皇子，而皇子的生母就是卫青的姐姐卫子夫。入宫的这些年来，卫子夫生了三个女儿，还有一名皇子，卫家的地位也因此越来越高，极其显贵。对于这个儿子，汉武帝期待已久，非常的高兴，他为皇长子取名为刘据，举朝臣子都在为皇长子的降生而欢欣鼓舞。

就在这个时候，当时的中大夫主父偃向汉武帝奏请立卫子夫为后。汉武帝欣然应允，决定在元朔元年册封卫子夫为皇后。诏曰："朕听说天地不变，施化不成；阴阳不变，物不畅茂。《易》说：'因势变通，人民的精神才会振作。'《诗》说：'通天地之变而不失道，择善而从。'朕欣赏唐虞而乐观殷周，愿汲取历史的经验教训以为借鉴。现在大赦天下，与民更始。有的犯了罪畏罪逃亡及久欠官物而被起诉，事出在孝景帝三年以前的，都免予处理。"

第六章 两战匈奴

就这样，空了一年多的皇后之位再次有了新的主人，而且从卫子夫开始，立皇后时大赦天下成了汉朝皇室的惯例。虽然皇室越来越欣欣向荣，但是匈奴却还在不断地骚扰大汉。经过龙城奇袭，匈奴的势力并没有减弱。

汉武帝命卫青再次担任车骑将军，率3万铁骑出雁门，与从代郡地出发的李息一起对匈奴进行合围，李息负责截断匈奴后路，与卫青互相策应。这次战役称为雁门之战。在这一战中，卫青斩杀数千匈奴将士，再一次立下大功，这是卫青第二次征讨匈奴。

> 元朔元年春，卫夫人有男，立为皇后。其秋，青为车骑将军，出雁门，三万骑击匈奴，斩首虏数千人。
> (《史记·卫将军骠骑列传》)

这一次，汉武帝对卫青更加的信任，因为他并没有派什么经验丰富的武将随军出征，李息虽然没有参与上次奇袭龙城的战役，但是他参加了之前的马邑伏击战，只是没有开战。所以李息和卫青一样，都是年轻的将领。而且，这一次卫青领兵3万人，比上一次的人数要多2倍，显然，汉武帝对于卫青的实力是十分认可的。而结果也是让人欣喜的,卫青再一次战胜匈奴。

这一次的胜利也是意义重大的,它把征讨匈奴战果由去年元光六年(前129)的斩杀数百人,转变为一场斩杀几千人的胜利。这也使得卫青在汉武帝时期的地位得到了巩固。奇袭龙城的时候,卫青虽为车骑将军,但是与另外三路将军各自为战,互不从属。这一年,他和李息同攻匈奴,已是有了主次之分,李息配合卫青,卫青统领3万大军。而这一战依然大胜,卫青的军事才华得到了更大程度的展示,他在朝中的声望与日俱增,已经超越了那些曾经立下大功的老将,成为抗匈奴军的统帅。同时,汉朝也因此更加自信,更加坚定了反攻匈奴的决心。这一场战役为第二年战胜匈奴,夺取河南地,筑朔方城打下了基础,也是汉朝下一步大攻势的基础。

关于雁门之战的记载历史上并没有太多,在《汉书·卫青霍去病传》中只说有李息协助:"元朔元年春,卫夫人有男,立为皇后。其秋,青复将三万骑出雁门,李息出代郡。"

紧接着就发生了更大规模的战斗。

元朔二年(前127),匈奴又一次大规模进犯,为报雁门之仇,他们由辽西直逼上谷、渔阳诸郡。辽西太守为匈奴所杀，又有 2000 多人被匈奴掳掠一空。不久，他们又从辽西杀到了渔阳，驻守在渔阳的汉将韩安国大败，渔阳被洗劫并被屠杀了 1000 多人。韩安国无可奈何之下，只得率军东进，在北平驻防。过了几个月，韩安国病逝于沙场。匈奴铁骑如入无人之境，无人能挡，不多时，已经杀到了雁门。西汉北部边郡局势紧张。韩安国一死，汉武帝便重新起用了"飞将军"李广，李广任右北平太守，镇守右北平，以抗击匈奴。

危急时刻，卫青再一次领兵出征，抗击匈奴。这就是卫青的第三次出征匈奴——河南战役。

汉武帝又派了李息，李息依然是从代郡出发，而卫青却是带着主力去攻打被匈奴占据的河套地区。

卫青采取"迂回战术"，由西而进，从匈奴的后方以闪电般的速度夺取了高阙，使单于的军队与驻扎在河套一带的匈奴军队失去了联络。之后，卫青又派出精兵，攻入陇县西部，包围了在河套地区的匈奴首领：白羊王、娄烦王。又俘虏了数千名匈奴士兵，还有近百万的牲畜，彻底掌控了河套地区。

根据《史记》和《汉书》的记载，这一战，汉军全军凯旋，"全甲兵而还"。卫青一回京，就被册封长平侯，食邑 3800 户。卫青的两个属下苏建和张次公，因为战功卓著，被汉武帝分别封为平陵侯及岸头侯。

天子曰："匈奴逆天理，乱人伦，暴长虐老，以盗窃为务，行诈诸蛮夷，造谋藉（籍）兵，数为边害，故兴师遣将，以征厥罪。诗不云乎，'薄伐猃狁（xiǎn yǔn），至于大原''出车彭彭，城彼朔方'。今车骑将军青度西河至高阙，获首虏二千三百级，车辎畜产毕收为卤，已封为列侯，遂西定河南地，按榆溪旧塞，绝梓领，梁北河，讨蒲泥，破符离，斩轻锐之卒，捕伏听者三千七十一级，执讯获丑，驱马牛羊百有余万，全甲兵而还，益封青三千户。"（《史记·卫将军骠骑列传》）

大意是说匈奴悖逆天理，违背人伦，欺压长者，虐待老人，专偷东西，坑蒙拐骗，图谋不轨，仗着武力，屡次侵犯汉朝的边境，所以朝廷出兵讨伐他们，镇压奸佞。《诗经》里有"薄伐猃狁，至于大原""出车彭彭，城彼朔方"这样两句话。现在，车骑将军卫青从西河到高阙，斩杀敌军2300余人，夺其战车、辎重及牲畜，封为列侯，遂平定河南之地，巡视查访榆溪旧时

第六章 两战匈奴

要塞,越过梓郡,筑北河之桥,讨伐蒲泥,攻破符离,斩杀敌人的轻捷精锐的士卒,揪出敌军侦察兵3071人,割下死去敌人的左耳以计功劳,带回敌军百万余马、牛、羊,保全大军凯旋,增封卫青3000户。

为进一步加强对这一战果的控制,汉武帝迁徙10万人在河南地设置朔方郡,初步稳定了西北边防。河南地的收复,基本上解决了都城长安地区被匈奴入侵的可能,可视为汉武帝对匈奴展开一连串的战略攻势的奠基。收复河南地、设置朔方郡,为汉军对匈奴东西两线作战提供了重要的根据地。

秦朝曾实行过戍卒备边和移民实边等措施,就是组织戍卒进行军屯和迁移老百姓到边境。但是秦朝采取的是暴力手段,最终爆发了农民起义。当时晁错深刻地分析了秦朝灭亡的经验,吸取教训,指出要将"守边备塞"与开发、建设边疆"劝农力本"这两个重要事件结合在一起解决,并以利益诱使百姓主动到边疆定居。在边境选择合适的移民点,然后朝廷负责他们的生产和生活问题,确保他们在边境有地种、有房子住。然后挑选身强体壮的犯人或者平民前往那里。有管理能力的,安排他们做移民官,还没成家的,给他们娶妻生子,并且给他们衣服粮食,一直到他们能够自食其力为止。这样一来,其他人看迁移到边境的人生活这么好，也会相互劝说前往。这就是将被迫迁移变成了自愿迁移，由被动改为主动。那时，关中、蜀汉、三河、齐鲁4个区域最为繁荣，除蜀汉比邻关中，其余的均为黄河与各大支流形成的狭长地带。由于土地有限，随着人口的增加，土地问题变得更加严重。而边境地带又大都人烟稀少，土地比较多，因此，很适合人口迁移。

汉武帝采取了晁错的想法，大量的军屯和移民实边，使晁错的构想得以实现，这样做也是为了配合后期对匈奴的进攻。在收复了河套之后，西汉立即在阴山以南的河谷地区设置了朔方郡（郡治在今内蒙古自治区磴口县）和五原郡（郡治在今内蒙古自治区包头市），并以此为基础，建立了一套行之有效的治理边境模式。朔方郡的战略位置极为重要，它在国都长安城的正北方，所以西汉朝廷花费巨资修建朔方城，又从内陆征募10万移民，迁往朔方郡，又派遣校尉苏建率领10万人并将蒙恬在阴山南麓修建的长城重建，彻底断绝了匈奴对关中的正面威胁。此后，汉武帝继续扩大迁徙规模，在元狩二年（前121）由内地向今甘肃、宁夏、内蒙古、陕北地区移民达72万余人。

河南战役的胜利为西汉重新夺回河套地区，巩固统治，并通过迁徙百姓，加强边防建设，使匈奴腹地远离首都长安，减

第六章 两战匈奴

轻匈奴对关中的直接威胁，同时，也使中原地区的军事实力得到进一步提升。

对于卫青而言，这无疑是一次飞跃，他从一名不起眼的小吏一跃成为拥有战功的将军，其背后所付出的艰辛与努力是难以用言语来表达的。然而，随着荣耀的到来，他所面临的挑战也日益增多，考验着他的智慧、勇气和毅力。

第七章 奇袭右贤王战役

河南一役之后，匈奴失去河南这一屏障，他们深感不安但又不甘屈服，因此从元朔三年（前126）起多次侵扰大汉边境。匈奴侵入边境，杀害了代郡的太守，攻入雁门，掳掠百姓千余人。之后匈奴又大举入侵代郡、定襄、上郡，屠杀和劫掠百姓数千人。而且匈奴右贤王率军数次骚扰新设的朔方郡，意图侵占河套，使百姓不得安宁。所以，元朔五年（前124），汉武帝对匈奴发动了大规模的军事行动，集结大军10万左右，打算与匈奴大战一场。这是一场你死我活的战斗，也表明了汉武帝要灭掉匈奴的决心。

卫青第四次出征匈奴：奇袭右贤王。

这一次，汉武帝还是让卫青当车骑将军，率3万精锐从高阙（今内蒙古自治区巴彦淖尔市杭锦后旗东北）出发。虽然依然是率领3万人，但实际上卫青手下还有4名大将，即游击将军苏建、骑将军公孙贺、强弩将军李沮、轻车将军李蔡，都由卫青统一指

第七章 奇袭右贤王战役

挥,从朔方出发进攻匈奴。汉武帝又派大行李息、岸头侯张次公从右北平出发,配合卫青大军夹击匈奴。这是卫青第四次出征匈奴。

他肩负着汉武帝的重托。这一次,他还能像以前那样顺利吗?卫青确实是有些运气在身上。

匈奴右贤王对汉军的到来并不怎么在意,他以为汉军离自己这里很远,没准儿根本不会来。匈奴人号称"草上飞",而汉军可不会飞,对他们构不成威胁。所以右贤王根本没有防备,夜夜笙歌,整天抱着美女饮酒,时常喝醉。事实上,他并不知道,卫青在"长途奔袭"方面的造诣极高,但右贤王依旧以以往的经验来判断战局,最终的结果就是失败。

果不其然,卫青带兵急行,连夜赶到,在夜色中包围了右贤王大营,将他们围得严严实实。

正沉迷于温柔乡中的匈奴右贤王忽然听到帐篷外面喊打喊杀,又四处着火,骇然惊起。他这才知道是汉军"从天而降",酒意顿时消去大半,慌忙抛下美人,率领数百名精锐骑兵突围而去,亡命奔逃。汉军轻骑校尉等人纵马追出数百里,未能追到,倒是擒住了十几个匈奴右贤王的手下(小王),以及15000多名匈奴男女,还有近百万的牲畜。这一战,汉军大获全胜,匈奴人很少吃这么大的亏，卫青的军队凯旋。

闻此捷报，久受匈奴入侵骚扰之苦的汉朝军民自是欢欣鼓舞。胜利的消息一传到皇宫，汉武帝大喜，眉开眼笑，他总算可以给列祖列宗一个交代了。汉武帝立刻安排了一场庆功宴，对有功之臣进行了表彰，整个皇宫一片欢腾。在卫青还未回朝的时候，汉武帝就迫不及待地派出使者，捧着印信前往边关，封卫青为大将军，至此，所有将领都由卫青统领。除此之外，汉武帝还加封卫青食邑8700户，这还不算完，他还将卫青3个年幼的儿子卫伉、卫不疑和卫登都封为列侯，均食邑1300户，以示隆恩。

关于汉武帝给卫青的孩子封侯这件事，卫青也推辞过。

天子曰："大将军青躬率戎士，师大捷，获匈奴王十有余人，益封青六千户。"而封青子伉为宜春侯，青子不疑为阴安侯，青子登为发干侯。

青固谢曰："臣幸得待罪行间，赖陛下神灵，军大捷，皆诸校力战之功也。陛下幸已益封臣青，臣青子在襁褓中，未有勤劳，上幸裂地封为三侯，非臣待罪行间所以劝士力战之意也。伉等三人何敢受封！"天子曰："我非忘诸校尉功也，今固且图之。"

第七章 奇袭右贤王战役

大意就是，汉武帝对他说："大将军卫青亲自带兵攻打匈奴，大获全胜，活捉了十几个匈奴的小王，要封卫青六千户。"并封卫青长子卫伉为宜春侯，次子卫不疑为阴安侯，三子卫登为发干侯。卫青断然拒绝道："末将有幸在军中做官，全靠陛下的神威，大军才能大获全胜，而这一切，也都离不开诸将的奋勇抗战。皇上对我的赏赐已经很多了，末将的几个儿子年纪尚小，没有经历过战争的磨难，也没有立下过战功，皇上大发慈悲，封了他们三个为侯，但这并不是我激励将士们奋勇杀敌的初衷！卫伉他们怎敢领赏？"汉武帝回道："我没有忘了诸将的功绩，本来就要论功行赏。"

接下来的奖赏，汉武帝也写了诏书：

> 乃诏御史曰："护军都尉公孙敖三从大将军击匈奴，常护军，傅校获王，以千五百户封敖为合骑侯。都尉韩说从大将军出窳（yǔ）浑，至匈奴右贤王庭，为麾下搏战获王，以千三百户封说为龙额侯。骑将军公孙贺从大将军获王，以千三百户封贺为南窌侯。轻车将军李蔡再从大将军获王，以千六百户封蔡为乐安侯。

校尉李朔、校尉赵不虞、校尉公孙戎奴,各三从大将军获王,以千三百户封朔为涉轵侯,以千三百户封不虞为随成侯,以千三百户封戎奴为从平侯。将军李沮、李息及校尉豆如意有功,赐爵关内侯,食邑各三百户。"

大意是:"公孙敖身为护军都尉三次随大将军征伐匈奴,时常帮助其他军队,这次俘虏了匈奴小王,封公孙敖为合骑侯。都尉韩说跟随大将军从窳浑塞出兵,一路攻入了右贤王的王廷,在大将军的率领下,奋勇杀敌,俘虏了匈奴小王,封他为龙额侯。骑将军公孙贺封为南窌侯。轻车将军李蔡曾两度与大将军擒获匈奴小王,封为乐安侯。封李朔为涉轵侯,封赵不虞为随成侯,封公孙戎奴为从平侯,这三人都曾三次随大将军擒拿匈奴小王。另外将军李沮、李息及校尉豆如意都是有战功的,赐给关内侯的爵位。"

经过4次征伐匈奴,卫青逐步成为西汉军事统帅,其中最重要的就是这次远征漠北,汉武帝给的奖赏说明一切,他对这一战十分的看重,并且远征漠北的胜利有重要意义。这一战既巩固了河南之战的成果,又使匈奴右贤王势力大损,重创了匈奴主力右翼，为后来霍去病指挥河西之战打下了良好的基础。

而匈奴是肯定不会就此罢休的，这一年秋天，匈奴再次攻占代郡，掳掠汉人1000多人，汉武帝意识到必须消灭匈奴的主力，才能使匈奴停止骚扰，很快漠南战役就开始了。

卫青的辉煌是否能够持续闪耀？他是否能够一直如此幸运，避开命运的暗礁，继续在荣耀的道路上前行？

第八章 漠南战役

卫青　逆风翻盘的骠骑将军

元朔六年（前123）夏，奇袭右贤王战役刚刚结束不到一年，卫青受汉武帝的命令，率6员大将约10万铁骑，其中合骑侯公孙敖为中将军，太仆公孙贺为左将军，翕侯赵信为前将军，卫尉苏建为右将军，郎中令李广为后将军，右内史李沮为强弩将军，他们都听命于卫青，这一次依然斩首千人，得胜归来。这是卫青第五次出击匈奴。

一个月后，卫青等人再次从定襄塞（今内蒙古自治区和林格尔附近）出发，寻找匈奴的主力。卫青依然是最高统帅，不过与之前不一样的是，卫青的外甥霍去病也跟随卫青出征，他被汉武帝任命为剽姚校尉。

这一次是卫青第六次征讨匈奴，也是霍去病首战——漠南战役。

但是这次卫青的运气没有之前那么好了，卫青虽然斩杀了1万多名匈奴，但是己方也折损了3000多名铁骑和两名将领。

第八章 漠南战役

汉军损失的两名将领，一个是右将军苏建，一个是前将军赵信，后来两队大军在卫青的命令下合二为一，与汉军主力部队分开行军，互为支援。这一次战役从最开始就很不顺利，两人的部队加起来大约有三千骑，在半路上，遇上了伊稚斜单于率领的匈奴军，双方立即展开了一场恶战。两军打了一天多，汉军落在了下风。当苏建和赵信率领的骑兵节节败退时，匈奴开始利诱赵信。原来赵信之前是匈奴中的一个小王，后来以匈奴相国的身份向汉朝投降，在西汉被封为翕侯，后来又在汉军中混得风生水起，成为一名将领。现在这种情况，如果再打下去，汉军恐怕没有生路，赵信干脆带着剩下的800多铁骑，向匈奴单于投降了。

而苏建所带的人马死伤无数，他总算保住了性命，独自一人逃走回到大将军卫青那里。卫青向军正闳、长史安和议郎周霸等询问该如何处置苏建，怎样定他的罪。周霸说："大将军自出征以来，还从来没有杀过一名副将。现在苏建弃军回来了，为了以示大将军的威严，可以把苏建杀了。"其他两人都说："这可不行。兵书上说'小敌之坚，大敌之禽也'，苏建率数千大军，与单于数万大军激战一日，死伤惨重，却不敢背叛汉朝，独自一人回来。如果他回来了，却被杀死，那么以后有战士打了败仗就不会回来了。不应杀死苏建。"这里的"小敌之坚,大敌之禽也"的意思是说,两军交战,兵力较少的一方,即使拼死一战,也会输给人数较多的一方。卫青想了一下回道:"我有幸以天子亲戚的身份入了军中,不怕没有威信,可是周霸却要我建立自己的威信,这是违背了臣子的本分。再说,就算我有权力处死犯了错的将领,也不能私自在国境之外处死他,而应该把这件事原原本本地禀报给天子,由天子定夺,以示臣子们不敢擅权。这样不就可以了吗?"众将齐声应下,苏建被押了下去,带到皇上的行宫。汉武帝没有处死他,赦免了他的罪过,自此成为一个普通的老百姓。

其实卫青的考虑是正确的,苏建原是卫青的旧部,之前追随过卫青征讨匈奴被封了侯,又参与了朔方城的建设。现在在漠南战场失利,却坚守一日,足见其忠勇,后来他的儿子苏武被困于塞外10余年,仍然忠于汉朝。若卫青真的是为了立威而杀死这种将领,那才让人心寒。

而匈奴单于那边,在大汉军队的步步紧逼下,迫切需要赵信这种了解汉军形势的人,才能制定出阻止汉军北上的策略。如此,单于见赵信投降,大喜之下,封他为自次王,还让他娶了自己的姐姐为妻子。赵信作为回报,告诉单于,可以带着士

第八章 漠南战役

兵北上，引诱汉军前来，使汉军身疲力竭，就可以轻松地将他们打败。伊稚斜单于采纳了这个建议，于是将廷帐迁往了大漠以北。

最后卫青冷静地指挥作战，将兵力集中于进攻匈奴军的主要部队，斩杀了敌人19000余人，扭转败局，取得胜利。

不过，就在许多将领面临战败的痛苦局面的时候，第一次出征的"剽姚校尉"霍去病却打出了超然的成绩。霍去病当时只有十七八岁，只带着800骑兵，孤身一人深入匈奴腹地，直接抛开卫青的大部队数百里，斩杀敌寇，还有匈奴相国、当户、单于叔父等许多人。"剽姚"两个字取的是勇猛、敏捷的意思，霍去病第一次大胜就证明了这个称号名副其实，汉武帝对他的勇猛赞不绝口，封他为冠军侯。

可见卫子夫成了皇后后，卫氏家族也没有辜负君王的期望，没有像大多数外戚那样靠着女人受恩宠过日子。

霍去病（前140—前117），河东平阳（今山西省临汾市西南）人，是西汉时期著名的军事将领，爱国名将，民族英雄，官至大司马骠骑将军，封冠军侯。他是卫青的外甥，深得汉武帝赏识，又是汉武帝的侍中。这个职位卫青也曾担任过。

霍去病的母亲是卫青的姐姐卫少儿，父亲是平阳县吏霍仲孺。但是霍仲孺就比不上郑季了，霍仲孺根本不敢承认自己和平阳公主的侍女有染。所以霍去病与卫青一样，都是私生子，父亲也都只是一个小吏。霍仲孺没有照顾过霍去病一天，但是霍去病并没有怪过他。有一次，霍去病出征的时候，路过平阳（今山西省临汾市），霍去病吩咐手下带着霍仲孺到客栈中，然后跪下说："我以前不知道我是您的儿子。"霍仲孺惭愧得不敢回答，只跪在地上磕头道："老臣是托将军的福，全靠上天。"后来，霍去病给霍仲孺买了田宅和奴仆，并在打完仗后将同父异母的弟弟霍光带回了长安，好生培养。

霍去病虽然是奴婢的私生子，但是他的童年生活与卫青的童年生活完全不一样。他是生长在富贵乡的，但是他从来不沉迷于这种生活，他把国家的安危看得比什么都重要。汉武帝曾为他建造豪宅，但他坚决不肯，说："匈奴未灭，何以家为？"

霍去病擅长骑射，这次在卫青出征之前，汉武帝便让卫青给他一些骁勇善战的勇士，还封了他为剽姚校尉。可见对于霍去病，汉武帝同样寄托了许多期望。而霍去病也没有辜负汉武帝，他带着那些骑兵奋勇杀敌，最后斩首敌人2000多。汉武帝大喜，写了诏书：

第八章　漠南战役

于是天子曰："剽姚校尉去病斩首虏二千二十八级，及相国、当户，斩单于大父行籍若侯产，生捕季父罗姑比，再冠军，以千六百户封去病为冠军侯。上谷太守郝贤四从大将军，捕斩首虏二千余人，以千一百户封贤为众利侯。"

至于跟着卫青的其他几个将领，张骞因曾出使大夏被困在匈奴很长一段时间，所以这次张骞充当向导随卫青出征。他熟悉地势，知道哪里的水草好，使军队免于饥饿和干渴，又因曾出使西域有功，汉武帝封他为博望侯。当时只有斩杀敌人首级的数量符合规定才能被封侯，而李广这一次没有战功，所以也没有被封侯。至于卫青的其他下属，如公孙贺、公孙敖等都没有战功，没有受到封赏。

由于这次两名大将一投降一惨败，他自己也没有立下多少战功，大将军卫青也就没有再加封。不过这次战役卫青其实也算是大胜，之所以没有奖赏或许与他外戚的身份有关，毕竟霍去病也算是卫家的人。如果再封赏卫青，恐怕卫家人权势太大。

而且此时卫皇后算起来已经快40岁了，生了三个女儿、一个儿子，容貌不再如同以前一样娇美，一头浓密的秀发也掉了大半。汉武帝自然心生不喜,便又宠幸了一名王夫人。这位王夫人是赵地的人,长得极美,被选入宫中后就一直被汉武帝宠幸,生了一个儿子,名叫刘闳,可以说是卫皇后的主要竞争对手了。现在汉武帝对卫皇后的宠爱不如以前,卫氏的荣耀恐怕会保不住。

卫青被封为大将军回程的时候,遇到了一个叫宁乘的方士,说找他有事相商。原来当时汉武帝有求仙之心,招纳了许多方士,这个叫宁乘的方士在京中等候汉武帝的旨意,但是武帝一直不召见他,到了后来,他的财力耗尽,衣衫褴褛。卫青性子一向温和,便停下马车询问是何事,宁乘行了一礼,说有话想私下和他说,卫青便将他请到府里,让所有人都退下,再单独询问他。宁乘这才说:"大将军一人之下,万人之上,三个孩子已经封侯,可以说是位高权重,无人能及,但是物极必反,虽然现在位处高位但是也很危险,大将军可有什么计策应对?"卫青听到后皱着眉头说:"我平日里也曾经想到过这些,你有什么好的办法?"宁乘又道:"大将军能得此殊荣,不全是战功,还因为皇后是您姐姐。卫皇后原本没有什么事,但是王夫人现在十分受宠,她的母亲现在还在京都,没有被封赏,大将军不如先赠送千金,让她高兴一下。多一个帮手,就多一份保障,

第八章 漠南战役

以后就不用担心了。"卫青十分高兴,向他道谢:"这是我的荣幸,我一定照做。"卫青将宁乘留在府中,取出五百两黄金,送给王夫人的母亲。王夫人的母亲收了金子自然会告诉王夫人,果然,王夫人又将这件事告诉了汉武帝。汉武帝心中起疑,心想这卫青忠厚,怎会平白无故给她银子?等到卫青入宫的时候,便询问他这件事,卫青回道:"宁乘说王夫人的母亲还没有封赏,恐怕会缺少用度,所以我送过去五百黄金给她使用,没有其他的意思。"汉武帝又询问宁乘在哪里,得知人在卫青府上后,马上召见了宁乘,任命他为东海都尉。宁乘谢过皇上的旨意,带着官印离开京城,乘坐着高车驷马,浩浩荡荡任职去了。

这件事可以说是一举数得,既讨好了王夫人又得到了汉武帝的关注,宁乘也因此得到了官职。可以发现,卫青确实是一个温和的人,面对衣衫褴褛的宁乘也没有看不起,反而请到府上。这很有可能和卫青本身的出身有关系,他自己之前也曾经是奴仆,所以他不会小瞧其他人。

又过一年,元狩元年(前122),皇子刘据如其父一般,年仅7岁便被立为太子,属于卫氏的时代已经到来。

其实确切地说是属于霍去病的辉煌时代来临了。这一次漠南之战,汉武帝并没有对卫青进行封赏,可见他对于这一战的战果并不是很满意，没有达到他预期的目的。卫青麾下将领节节败退，其中自然是有将领自己的原因，更多的还是因为匈奴在河南一战中吸取了教训，他们加强了边防巡逻，设下埋伏，摸清了汉军的行进方向，从而占据了先机。在这种情况下，汉军还能获得最后的胜利，与卫青和霍去病的勇敢决断和正确的指挥有很大的关系。漠南之战，造就了一名更加出色的武将，那就是霍去病。霍去病横空出世，以一种全新的战术，一种势不可当的姿态，横扫大漠，标志着汉朝开始了一场全面的反攻。

第九章 漠北大战

朝进东门营,暮上河阳桥。

落日照大旗,马鸣风萧萧。

平沙列万幕,部伍各见招。

中天悬明月,令严夜寂寥。

悲笳数声动,壮士惨不骄。

借问大将谁,恐是霍嫖姚。

——杜甫《后出塞五首·其二》

"东门营"指的是军营,"河阳桥"曾经是从洛阳通往河北的主要通道。这首诗描绘了当年霍去病领兵与匈奴作战的惨烈场面:早上去营地报到,晚上就出发去边境。夕阳西下,将旗招展,战马嘶鸣,狂风呼啸。在一片平坦的沙地上,数以万计的营帐整齐地排列着,每一个营帐的将领都在召集自己的部下。夜空中弯月如钩,因为军纪严明,茫茫大漠寂静无声,忽然间,

第九章　漠北大战

凄厉的笛声划破了夜空，让即将出征的将士感到了一种凄凉的气氛。这时，一名士兵情不自禁地问："统率大军的将军是谁呢？"只是因为军营安静了下来，军令森严，无人回答，他只是在心中猜测："恐是霍嫖姚！"

卫青第七次出征匈奴——漠北大战！

没过多久，朝廷又将投降的匈奴分别迁往黄河以南地区，并依原来的风俗，成为汉朝的属国。由于对失去河西领土的不满，匈奴单于展开了一系列的复仇行动，在元狩三年（前120），匈奴入侵北平、定襄（今内蒙古自治区呼和浩特市和林格尔县附近），杀死汉人千余人。面对这样的局面，元狩四年（前119）春，汉武帝召集将领商议："之前叛逃的赵信为单于出谋划策，认为汉军不能轻易渡过沙漠。现在我们出兵，必定可以达到目的。"汉武帝下了很大的决心，做了很多的准备，打算长途奔袭进入漠北，一举消灭匈奴，这样就能摆脱匈奴在北方边境对大汉的压制和骚扰，同时也能把漠北漠南收入自己的统治之下。

汉武帝挑选了10万名身强力壮的勇士，再加上他早就准备好的10万匹矫健的马匹，组成更加厉害的精锐骑兵，由大将军卫青和骠骑将军霍去病各率领5万人，从边塞出发，横穿沙漠，互相配合，攻击匈奴。可以想象，所需的粮草、饮水、生活用品以及箭矢、器械等，都是一个庞大的数字。因此汉武帝还派遣了数万名士兵运输各种物资，还有数万名步兵。另外还有很多中原人带着自己的行李和马匹，大概有4万多匹马，随着大军行进。

除了这些主力部队，汉武帝自然还有其他部署。他任命李广任前将军，公孙贺任左将军，赵食其任右将军，平阳侯曹襄任后将军，他们都听从大将军卫青的命令。这些人中除了赵食其没有在前文出现过，其他都是与卫青相熟的人。李广自不必说，与卫青一直合作打仗。公孙贺是卫青的姐夫。至于平阳侯曹襄，则是平阳公主的儿子。这些人跟随卫青越过沙漠，与霍去病所带领的部队，一同向匈奴单于攻去。

霍去病本来打算由定襄出发，与单于正面交锋。不过后来抓到一个匈奴人，他说单于是往东走了，于是汉武帝又命令霍去病从代郡出兵，让卫青改在定襄出兵。为什么会有这种改变呢？武帝是根据匈奴单于的位置来定夺两人出发的位置。汉武帝希望霍去病能直面匈奴单于，一来这样打胜仗的把握更大，另外，他希望霍去病能立下赫赫战功。毕竟这是一次与匈奴的大决战。所以被俘虏的匈奴人告诉汉武帝单于向东走了之后，汉武帝就改变了两人的出发位置。由此也可见汉武帝对霍去病

第九章 漠北大战

的宠爱。

可见，5年前被擢升为大将军，成为军队中最高统帅的卫青已经失宠，汉武帝对他的信任与重视都在锐减。汉武帝随意更改卫青的出发地点，是为了阻止他与匈奴单于正面交锋，而是将这个机会让给了霍去病。在河西战役的时候，就是霍去病亲自挑选的士兵，这一次，汉武帝也极有可能将最好的精兵交给霍去病，将其余的士兵交给了卫青，这使得卫青在军中的地位也一落千丈，霍去病的地位越来越高。

这种情况下，卫青因失宠被人轻视，心中一定很恼火。如果霍去病与匈奴单于对战，那自己肯定无法再立首功，能做的就是寻找那些分散的匈奴军，不然如果这次无功而返，他日后的处境就会更加的糟糕，所以卫青和他的部下迫切地想要找到匈奴主力，想要立功。但是越着急越找不到匈奴主力，卫青前后左右中几路大军，自定襄北上之后，一直没有发现匈奴军的踪迹，一直到了大沙漠以北时，还是一无所获。

原来这次汉军大举进攻匈奴的消息，匈奴单于早就知道了。之前投降的赵信告诉匈奴单于，汉军如渡沙漠，人困马疲，匈奴可趁虚而入，将他们一网打尽。他还说匈奴可以轻而易举地夺取汉朝军队的兵器以及他们身上的一切物资。匈奴单于完全相信了赵信的话,他将所有的物资都送到了极北的地方,只留下了最精锐的军队,在沙漠北部等候精疲力竭的汉军。

终于,卫青率领大军行至千余里之后,看见单于的大军在那早已严阵以待,卫青下命令,用武刚车在四周筑起一个环形的防御圈,又命5000铁骑疾驰而去,与匈奴周旋。同时下令让李广所带领的部队和赵食其的部队合并在一起,从东面绕道到匈奴单于的后面进行包抄。这从战略上来说是没有问题的,但是对于李广自己来说这并不是一个好的方案。首先东面这条道比较绕远,沿途又无水草可寻,这么多人和马匹聚在一起,粮草根本就不够用。最重要的是,李广认为,如果自己从东面绕行的话,就不可能与匈奴单于正面一战。

李广知道,如果失去了这次与匈奴正面交锋的机会,他以后几乎不会有获得爵位和封地的机会了。于是,李广向卫青提出异议:"我被任命为前将军,但是大将军命我改走东路,而且我从年少时便与匈奴打仗,直到今日,终于有了与单于正面一战的机会,我愿打头阵,与单于决一死战。"李广请求卫青留他为前将军,与他一同进攻匈奴单于。卫青也是这样想的,他作为大将军,又是在被汉武帝轻视的情况下出战,现在突然有了这么一个意外的机会,这是一个难得的与匈奴单于正面交锋、

第九章 漠北大战

立下大功的机会。如果能抓到匈奴单于的话，他就可以再次赢得汉武帝的信任和重用。他与李广无冤无仇，或许李广还曾经是他的偶像，毕竟从年龄上来说，李广比卫青年长，在卫青出生的时候，李广已经很出名了。但是为了自身利益，卫青是不想其他人与自己分享这次机会的，尤其是李广这样闻名天下的武将，正如李广自己所说，他多次和匈奴打仗，作战能力是非常强的，对封侯这件事又十分的渴望。他要是真的和卫青一起作战，最后这个功劳谁占了还说不定。还有一件事，就是汉武帝曾经暗中告诫过卫青，他认为李广已年迈，运势不佳，最好别让他去和单于正面作战，不然只怕不能达到俘获单于的目的。所以卫青将李广和与他并不熟悉的赵食其安排出东道，留下的都是自己的亲信。这里面还有曾经救过自己一命的公孙敖，公孙敖已经被贬为庶民，卫青更想让公孙敖立下大功，恢复自己的爵位。这时公孙敖虽然没有爵位，但是却一直跟随着卫青。

其实那个时候，汉武帝、李广、卫青、霍去病等人都认为，当时的匈奴已经衰败到了极点，这次漠北之战，汉朝有十足的把握击败、生擒甚至杀死匈奴单于。所以卫青、霍去病、李广等人都希望能够得到这一次正面与单于一战的机会。

因此，卫青综合考虑，对于李广的统率能力还有李广的衰求以及他想杀死匈奴单于的决心,都熟视无睹,坚定地让李广绕道东路包抄匈奴单于。这就相当于剥夺了李广封侯的机会,而将这个机会留给了自己的救命恩人公孙敖。

关于这些李广心中也是知道的,但是他还是再三恳求卫青,希望能够与单于一较高下,但是,卫青最终拒绝了李广的要求,并且下达了大将军的命令书,告诉他:"速速前往右将军部队中去一切听从军令。"李广怒气冲冲地返回自己的部队,没有和大将军告别就率领大军和右大将赵食其会合,从东路出发。

单于派出1万多名匈奴骑兵与汉军的精锐骑兵对峙。两军战斗一天,汉军的铁骑数量虽然比单于的多,有一定的优势,可是卫青和公孙敖率领的精锐骑兵却迟迟没有胜利。直到夕阳西下,这时狂风骤起,飞沙走石,遮蔽了两支军队的视线,两军谁也看不见谁,卫青趁机下令,从侧翼包抄单于。单于见汉兵众多,兵强马壮,如果打起来,对他十分不利。趁着这个时候,单于坐在一辆由六匹骡子拉着的车子,在数百名精壮的护卫下,冲破了汉军的包围,往西北去了。单于其余的部下,大多数与汉军混在一起打斗,杀伤人数大致相同。而单于与部下越走越远,最后不见踪影。

其时天色已晚,卫青率领的汉军骑兵,竟无一人知晓匈奴

第九章 漠北大战

的单于此时突围而出。直到汉军左校尉抓到一名匈奴士兵,那名匈奴士兵说天黑之前,单于已走了。卫青得知这一消息,大为着急,连夜派出轻骑追去,自己则率部紧紧跟在后面。直到天明,汉军又前进了两百多里,仍不见单于的踪影。单于逃走之后,匈奴群龙无首,再也不能组成队伍,与汉军作战,四散奔逃,这些人被卫青和公孙敖等人斩杀和俘虏1万多名。可是夜色已深,汉军轻骑兵没有找到单于,就连单于自己的部下也没有找到他。匈奴右谷蠡王得知单于不见踪影,以为他已经死了,便自立为单于。不久之后,单于又出现了,右谷蠡王废单于之号。

再说卫青这边,他们来到了窴(diān)颜山赵信城,在这里得到了匈奴囤积以备大军之需的粮草,汉军在这里休整了一天,将所有的粮草都烧了,这才返回。

卫青虽然有单独正面面对匈奴单于以立下大功的机会,但是他们没有能力取胜,最终匈奴单于突围而出,他们只好率领大军迅速向南方撤退。到了南方,越过大漠,才与李广和赵食其等人会合。本来如果李广等人及时赶到,或许结果就不会这样。为何李广等人没有赶到呢?

原来在卫青与单于决战之时,李广和赵食其所率领的军队迷路了，才没有按时出现接应卫青。这就给了卫青一个推卸责任的借口。毕竟他们遇见了匈奴单于，最后还让他跑了，这原本是卫青用人不当且公孙敖不擅长打仗而造成的后果，但是如果汉武帝问责，卫青并不敢这样解释，所以他将所有的罪责都推给了其他人。

所以当晚，卫青让长使给李广送去食物与美酒，并问李广、赵食其迷路之事，因为卫青要向汉武帝禀报详细的军情。其实就是告诉汉武帝因为李广等人迷路，导致大军迟迟未至以至于让匈奴单于逃跑。李广是个不善言辞的人，在这种情况下，更是不知道该如何回答，也正因为如此，李广当时什么也没说。卫青干脆派人将李广等人带到大将军幕府接受审问。李广知道自己被冤枉，却无法辩解，又自知理亏，恐怕也难逃责难，便愤愤地说："校尉们都是无辜的，都是我迷路了，我要亲自到将军府对峙。"

李广到大将军幕府说道："我从年少起与匈奴作战，不论大小，有七十多场，今日有幸随大将军出战，与单于作战，但大将军要我绕道而行，我却迷失了方向，这不是天意吗？再说，我也60多岁了，终不能再接受审判的侮辱。"

第九章　漠北大战

广结发与匈奴大小七十余战，今幸从大将军出接单于兵，而大将军又徙广部行回远，而又迷失道，岂非天哉！且广年六十余矣，终不能复对刀笔之吏。

李广说完拔剑自刎。李广麾下的将士，无不痛哭流涕。李广自刭而死的消息传回去，所有人都为之落泪。至于右将军赵食其，他回京城受审，应判死刑，赵食其为自己赎身，最终成为平民。

有的时候命运就是这样的，汉武帝更想让霍去病有机会与单于大战一场，但是即使改了出发地点，最后还是让卫青遇到了单于，恐怕连他自己也没有想到。李广本来是卫青的前将军，他最有机会对战单于，结果这个机会却被卫青剥夺了。这个机会最终到了卫青手中，即使有人多的优势，甚至已经将单于团团围住，但仍被他冲出重围。而且实际上就算李广和赵食其没有迷路及时赶到，也改变不了什么。因为李广两人是"出东道"，而匈奴单于是从西北逃跑的，与李广所在的方向并不一样。

卫青曾多次带公孙敖出征匈奴，第一次出征是元光六年（前129）的奇袭龙城，卫青并不是主帅，两人都是将军，但是卫青因为这次作战立下战功，而公孙敖则阵亡7000多名骑兵，被判死罪，后来缴纳赎金成为平民百姓。

　　卫青依然将公孙敖带在身边，在元朔五年（前124）继续跟着卫青出征匈奴，这次公孙敖立了战功，被封为合骑侯。第二年公孙敖任中将军继续跟随卫青攻打匈奴，不过这一次就没有战功了。到了元狩二年（前121），这次公孙敖是跟着霍去病攻打匈奴，在接应的过程中公孙敖迷路，没有按时到达约定的地方，公孙敖再次被判死罪，依然是缴纳赎金成为平民。直到这一次，公孙敖虽然是平民，但是他担任校尉继续跟随卫青攻打匈奴。

　　这几次中，公孙敖在元朔五年（前124）被封为合骑侯，而原因是"常护军，傅校获王"，这个理由有些牵强，不过那一战对大汉意义重大，连卫青尚在襁褓中的三个儿子也被封侯了，那么卫青的朋友兼恩人封侯也是很正常的事。那个时候，卫青就已经对公孙敖颇为照顾。

　　所以实际上公孙敖没有什么战功，可以说完全是靠着裙带关系当上了将军，他作战能力普通，临阵退缩，不适合带兵打仗，更适合当个书记官，做个护卫。卫青作为一名大将军，对自己的部下自然是了如指掌，尤其公孙敖又是他的朋友，他更

第九章 漠北大战

应该了解公孙敖的性格。但是卫青却无视了战场上的实际情况，忽略了公孙敖的能力与胆识，甚至让更适合这个位置的李广"出东道"，只想着自己与公孙敖两人独享这次机会，立下无上功劳。当时带兵出征的卫青，完全可以根据战场上的情况，将李广派到前线，让他与单于一战，这不但有利于卫青和公孙敖，也有利于汉军。如果这样做，或许当时的情况就不一样了，只可惜一切无法改变了。

李广最后的结局是让人唏嘘的，他不管是之前在河西二战中与张骞出右北平，还是这次跟随卫青出击漠北，都是无功而返。这个时候李广已经60多岁，他的一生看起来似乎真的不是那么幸运，多次出征，但是没有一次被封侯。其实李广还是有一定军事能力的。关于右北平之战，李广和张骞率领大军14000人进攻匈奴，沿途分为两路，前面已经说过，李广带着4000名铁骑先到，被左贤王4万匈奴兵围攻，经过两天的战斗，4000多人几乎全军覆没，而张骞的1万铁骑迟迟未到，所以导致李广的军队孤立无援，但是李广依然也杀了匈奴兵4000多人，也算是平局。

显然，在右北平战役中，敌我力量悬殊，本来就很难以寡敌众，能和匈奴战成平局，已经是很了不起的成绩了。而张骞之所以没有及时赶到，是因为汉武帝更加重视霍去病攻打的河西，而对右北平这边的东线不是很重视，所以汉军对这边的地形都比较陌生，就连张骞这样在匈奴待了很长时间的人，也不够了解这边地形，没有及时赶到，也不能完全怪他。而李广为了应对这种情况，可以说也是用尽一切办法了。在左贤王的4万骑兵包围之下，李广的士兵人心惶惶，李广就令自己的儿子李敢潜入敌军大营。李敢带着数十人，冲入了匈奴军的阵中，然后从他们的侧翼冲了出来，回来禀报李广："匈奴兵很好对付！"这才稳住军心，然后将这些士兵集中起来，围成一圈对着外面，匈奴的弓箭如雨点般落下，向他攻来。汉兵死伤过半，箭已快用尽。李广让剩下的士兵开弓不射，李广则用大黄弩射杀匈奴副将，斩杀数人，匈奴大军这才四散奔逃。此时，已经是深夜，将士们脸色苍白，唯有李广依旧保持着镇定，有条不紊地指挥着大军。军队里的人都很欣赏他的勇气。第二日，他们再次奋勇杀敌，直到张骞带着大军赶到，李广终于脱困而出。李广临危不乱，将自己的实力发挥到极致，李广以一人之力，率领4000名勇士，在右北平外的大漠中与匈奴缠斗，从战术上来说也是没有问题的，甚至可以说是成功的。

李广用4000多人，挡住左贤王的4万精兵，又斩杀了近

第九章 漠北大战

4000名敌人,实在不易,但是最后汉武帝却以李广的军队几乎被灭为理由,认为李广的战损太高,而没有给李广封侯,其实是说不过去的。更何况当年霍去病首次率军的河西第一次战役:"捷首虏八千九百六十级,收休屠祭天金人,师率减什七,益封去病二千二百户。"

这里说的"师率减什七"意思是说霍去病的兵力损失了七成。当时霍去病带领了1万人出征,损失七成也就是7000多人,然后杀死匈奴8000多人,这么算起来单从数量上来说,霍去病也没有比李广的成绩好到哪儿去,但是霍去病却得到了封赏。当然从河西战役的意义来说,霍去病的功劳不能单单只看杀敌数量,但是也可以看出汉武帝对李广的态度。

在这次漠北战役之前,李广就好几次向汉武帝请求自己也要跟随卫青出漠北,汉武帝一开始认为李广年纪大了,不宜出战,所以并没有同意,过了很久才同意他,任命他为前将军。后来汉武帝又担心李广"数奇",还把这个想法告诉了卫青。总之从汉武帝的角度,他不觉得李广的能力和人品出众。而李广自从元朔三年(前126)接任右北平太守后,他就一直在等着封侯的机会,元狩二年(前121),河西二战的时候,李广觉得这个就是他得封赏的机会,没想到苦战之后,却没有得到封赏。

李广难封固然有多种因素,其根本原因并非李广本人有什么缺点,亦非李广指挥不当。最主要的原因还是汉武帝对匈奴攻击策略的变化,还有就是汉武帝对将领的安排。

从元朔年间开始,也就是雁门之战之后,汉武帝就放弃了东线地区,而是全力进攻河西,也是这个时候李广接任了右北平太守,其实李广已经被边缘化。而攻打河西地区,汉武帝主要依靠的是卫青和霍去病这两个外戚。《史记·外戚世家》中有这样一句话:"自古受命帝王及继体守文之君,非独内德茂也,盖亦有外戚之助焉。"这句话的意思是说,很多帝王的成功除了自身的德行好外,还有外戚的协助。所以西线这么重要的指挥权就被交给了汉武帝最亲近的人,也就是卫青和霍去病。这两人打仗的时候,大多数都有数万大军,这是李广比不了的。所以,李广这样的武将,要么被任命为副将,要么成为战略上的牺牲品。赋闲在家的李广被任命右北平的太守,与上一任太守相比,李广强化了东线的防御力量,使得匈奴几年来都不敢进入右北平,以确保西线可全力出击。可以说,元朔和元狩时期,汉军之所以能够在西线屡战屡胜,与李广等人镇守东部战线是分不开的。他们的贡献,不能用传统的记功方式"计首受功"体现。因为李广年纪比霍去病大太多,所以李广的最后一战被

第九章 漠北大战

派到了卫青的身边,卫青当时都没有能立功封侯的可能,更不要说李广了。最后李广不但没有被封侯,还因为对东线地形不熟悉而迷路,从而没有来得及与卫青会合,落得个愤而自杀的下场。

总之在漠北战役中,大将军卫青这边一共斩杀了 19000 多名匈奴兵。霍去病那边又怎么样呢?

霍去病也领了 5 万铁骑,改为从代郡出发,所携带的军需品亦与大将军卫青一样,但是没有副将。他任命李广的儿子李敢和另外几人为校尉,当作副将,又派了熟谙地形和懂得沙漠作战的匈奴降将打头阵。他们越过大漠,越过离侯山和弓间河,希望能找到匈奴单于,但依然没有发现匈奴单于的踪迹,只能与左贤王展开了一场恶战。匈奴左贤王被杀得溃不成军,霍去病一路追击,直杀至狼居胥山(今蒙古国乌兰巴托东侧的肯特山),俘虏匈奴首领、将军、丞相等 83 人,斩杀匈奴兵 7 万多人,大获全胜。他们斩杀敌军的数量已经远远超过了大将军卫青。

经此一役,匈奴左贤王部众几乎全灭。霍去病为了纪念这场旷世之战,在狼居胥山山顶修建高台,在姑衍山(今蒙古国肯特山以北)进行祭祀,以示悼念牺牲的勇士,然后继续率领大军一路追杀，直到翰海（今俄罗斯贝加尔湖），这才退兵。武帝再次写诏书：

> 骠骑将军去病率师，躬将所获荤粥之士，约轻赍，绝大幕，涉获章渠，以诛比车耆，转击左大将，斩获旗鼓，历涉离侯。济弓闾，获屯头王、韩王等三人，将军、相国、当户、都尉八十三人，封狼居胥山，禅于姑衍，登临翰海。执卤获丑七万有四百四十三级，师率减什三，取食于敌，逴行殊远而粮不绝，以五千八百户益封骠骑将军。

这一次霍去病确实大获全胜，他所带的兵力才损失两成，对比起来确实值得称赞。至于随霍去病出征的那些属下也都有了封赏。右北平太守路博德与霍去病约定在城池会合，如期会合后，他跟着霍去病来到梼余山，俘虏和杀死了2700名匈奴士兵，因此被封为符离侯。北地都尉邢山跟随霍去病擒住了匈奴小王，封为义阳侯。之前归顺汉朝的两个匈奴小王因淳王和楼专王，在这次战役中也有功，被封侯。而李广的第三子李敢，遇上匈奴左贤王后，英勇杀敌，夺得对方战旗战鼓，封为关内侯。此外，骠骑将军霍去病手下的小吏也有不少人得到了封赏。

匈奴左贤王和他的部下，被汉军霍去病率领的军队打得土崩瓦解，损失了73000多人，原本驻扎的地方也被攻破，左贤王逃之夭夭。霍去病率领士兵去上谷、渔阳、右北平、辽西、辽东五郡塞外，为汉朝侦察匈奴的动静。汉朝也在这个时候正式设立了护乌桓校尉。护乌桓校尉是个官名，负责在五郡侦查匈奴的动静，拥有监管领导的权力，分化匈奴在这里的势力，也是为了切断匈奴与五郡之间的关系，从而加速匈奴的衰落。

这一次，卫青率领大军，从定襄出发，行军1200多里，攻打匈奴，斩杀匈奴首级19000人。不得不说，他的收获还是很大的。但是，与霍去病出塞2000多里，斩杀匈奴7万余人相比，就有些相形见绌了。所以大将军卫青和他麾下的将士都没有被册封为侯爵。

朝廷又新增大司马官位，卫青和霍去病都被任命为大司马，汉武帝于建元二年（前139）废除太尉一职，又设置大司马位，取代了太尉的职能，卫青、霍去病则以大司马的身份，可以全权负责军队的一切事务，这个时候大司马的权力达到顶峰。汉武帝还下了一道旨意，让骠骑将军的官阶和俸禄享受与大将军同等的待遇。自此之后，卫青的势力日渐衰微，骠骑将军霍去病却是日渐显赫。卫青大多数的朋友和门客都离开了他，转投骠骑将军麾下。

漠北之战，是汉朝与匈奴战争中最大最艰难的一场战役，也是距离中原最遥远的一场战役。这一次激战，汉朝的铁骑部队，共斩匈奴9万多人，对匈奴的实力造成了极大的打击。这一战之后，匈奴再无还手之力，向西北的迁徙，形成了"匈奴远遁，而幕南无王庭"的局面。汉朝的势力逐渐越过黄河，从朔方向西，汉境与匈奴地以北相连，常设田官，有五六万人。汉朝的国力大大增强，可以说汉武帝对匈奴的反攻，至此取得了决定性的胜利。同时阻止了匈奴在边境肆虐之路，加快了北方民族的统一与开放，有着极其重要的历史价值。

漠北大战也是汉军有史以来最大规模的一次远距离骑兵作战，充分体现了汉军骑兵独立作战能力和强大的后勤保障。到了元鼎三年（前114），公孙贺率领15000铁骑离开九原郡，行军2000多公里，却没有看到一名匈奴士兵。后来，朝廷又派赵破奴由令居领兵离开，直抵匈奴河水（今蒙古国境内的杭爱山南麓），都没有见到一名匈奴人。10年之后，太初元年（前104）汉兵再度进攻右部，匈奴被迫继续北撤，没过多久，朝廷又派大军西征，爆发了楼兰之战。在这之后的30年里，汉匈又

第九章 漠北大战

为争夺西域而战。直到汉宣帝五凤四年（前54），匈奴内乱，南匈奴向汉投降，率军返回漠南，北匈奴一路向西，来到了都赖水（今塔拉斯河）上游。自此以后，匈奴势弱，已无法对中原造成任何危害。

以漠南、河西、漠北三大战役为核心的汉朝廷反攻匈奴之战，在策略上有许多可圈可点的地方：一是做好了充足的备战工作，针对匈奴的作战特点，抓住要点，进行大规模的骑兵训练，并训练能带领大规模骑兵的年轻将领，通过长时间的艰苦训练，最终形成了一支强大的骑兵军团，改变了汉匈之间的战略形势。自此以后，可以用灵活应对匈奴的战术，能够长途奔袭，也可以迂回包围等，在战争中取得主动地位。在此基础上，采取军事和外交相结合、互为补充的策略，将匈奴孤立起来；实行战时经济制度，为抗击匈奴提供必要的物质支持。二是采取主动出击的策略。骑兵在战场上最大的特点就是跑得快且跑得远，汉军曾多次利用这个特性，长途奔袭，不给敌人任何调整的机会，往往能打他们一个措手不及，使匈奴损失惨重，取得重大胜利。三是汉军作战时能分清轻重缓急，先弱后强，循序渐进，截断了匈奴诸部的联络，各个击破，控制了战役的主动权。在此过程中，也注重主要兵力与辅军的相互协作，以辅军拖住敌军，以主力给敌军以沉重打击，取得了良好的成效。

特别值得一提的是，汉匈战争使中原的传统作战模式发生了相当大的变化。首先以前只充当军队"耳目"的骑兵，现在已经成为作战的主要力量。而且在农耕与游牧部落的战争中，步兵已经不单单是与敌人的步兵作战，还与骑兵作战，因此这边的步兵需要有足够的力量来抵挡敌军骑兵的猛烈攻势，弓箭的配备变得更加重要。比如李广的孙子李陵就被派去酒泉和张掖，操练5000名步兵弓箭手，在面对匈奴强大的骑兵时，需要让步兵借助地势，用弩箭给予敌军沉重的打击。同时，车战已经逐渐走向衰落，战车多用于防守，而非进攻。比如在漠北大战中，卫青遇上匈奴主力后，以武刚车为营，以防敌军骑兵突然袭击。最后汉军的布局也进行适当的调适和改进。当时，因为匈奴铁骑神出鬼没，所以汉军在塞外行军的时候将侦察兵派出很远，随时观察敌人的动向，及时示警。总之，在这种长时间的战争环境下，汉朝军队逐渐地脱离了楚汉战争中的步兵作战方式，走上了骑兵的时代。

但是漠北大战的大获全胜，汉朝也是有很大损失的。元狩四年（前119），卫青、霍去病率领两军出征时，曾经到边关检阅过，当时官马和私马共计14万匹，回来后只剩下不到3万匹。

第九章 漠北大战

因此，尽管匈奴已经衰落，但汉马稀少，再加上汉武帝"方南诛两越，东伐朝鲜，击羌、西南夷，以故久不伐胡心渺"，而且霍去病在元狩六年（前117）病逝，所以后来西汉很久没有对匈奴发动进攻。

算起来中原人民一共损失了11万匹战马，光是军功奖励，就达到了50万两黄金，适龄的丁壮死亡也超过数万人。中原人也为西汉王朝征服匈奴付出了惨重的代价，所有的重担都落在了中原老百姓的头上。匈奴与大汉人民在战争中都遭受了重大的损失。《资治通鉴》中把汉武帝评价为"武帝好四夷之功"。认为汉武帝穷奢极欲，内奢宫宇，信鬼神，倒是百姓因为吃不起饭而成为盗贼，在这些方面汉武帝与秦始皇并无二致。《汉书》中还记载，汉武帝自登基以来，不停地出兵有32年之久，国库空虚，几乎耗尽了文景二帝所积累的财富。汉武帝本人也在征和四年（前89）下了一道诏书，说是后悔自己当初不断发动战争，所以后期不会再发动战争了，以示休养生息。汉武帝晚年认识到了自己的错误，所以汉武帝"有亡秦之失，而无亡秦之祸"。

这是卫青戎马生涯中最后一次出征，也是李广的最后一次战役。

"飞将军"李广擅长骑马射箭，骁勇善战，爱护士兵，从不抱怨命令，与匈奴征战70多场，却始终没有被封侯，最终自刎而死。不仅是他自己，他的家族也是一个悲剧：他的儿子李敢死于霍去病之手，但汉武帝并未追究；他的孙子李陵，被迫投降了匈奴，所以妻族被诛，李氏家族，就这样走向了"陵迟衰微"的结局。这样对比，卫青和霍去病两人，不仅早早就被封为侯爵，就连跟在他们身边的副将也都被封侯，这到底是为什么呢？

第十章 飞将军李广

卫青与霍去病多以奇袭之法，精兵直进，以最短的时间，迅速穿插，速战速决。卫青被封为长平侯与霍去病被封为冠军侯那两次战争，用的都是这种战术。这样的例子，在两人的一生中，都曾发生过多次。特别是霍去病，运气格外的好，他六次征讨匈奴，每一次都是顺风顺水，战绩也是一次比一次辉煌。比如元狩二年（前121），霍去病率领1万铁骑深入匈奴腹地，连战六日，斩杀俘虏8000多人；还有元狩四年（前119），霍去病率领5万铁骑从代郡出发，深入匈奴腹地千里，与左贤王一战，斩杀俘虏7万多名匈奴，大获全胜。根据《匈奴列传》记载，匈奴在其鼎盛时期，足有30万之众，而卫青与霍去病率领士兵多次深入匈奴腹地，都没有碰到匈奴大军，最后横扫了所有的敌人，立下了赫赫战功，实属幸事。

但是李广就没有这么幸运了，就拿第二次河西之战来说，霍去病最终斩敌30200人。但是同时出发征讨匈奴的公孙敖迷

第十章 飞将军李广

路,张骞行军滞留,导致李广在左贤王的数万骑兵的围攻下,苦战两天,死伤过半。而李广在最后一次出征中,因为迷失方向,从而错过了与大将军卫青会合的时机。这些固然有个人能力的原因,但是也不得不说李广运气有些差了。毕竟李广是一位身经百战的将军,曾多次出征匈奴,但是他的战绩要么是无功无过,要么就是在行军过程中迷失了方向,或者是遇到高于自己士兵数量的匈奴军队,甚至也被俘虏过。而李广的坏运气似乎还传给了他的孙子李陵,李陵也曾经进入过2000多里的匈奴境内,但始终没有找到匈奴主力军,因此无功而返。到了天汉二年(前99),李陵率领5000名步兵,被匈奴兵8万人围攻,这士兵数量上差距实在太大,但他还是坚持激战了8天,最终弹尽粮绝,祖孙两人的命运,都是一样的坎坷。

如此看来,卫青、霍去病和李广的成败得失,都有一定的运气因素。甚至连李广自己也怀疑是不是自己运气不好,他曾经询问过"望气者"王朔,自己没有被封侯的理由:"自汉击匈奴而广未尝不在其中,而诸部校尉以下,才能不及中人,然以击胡军功取侯者数十人,而广不为后人,然无尺寸之功以得封邑者,何也?岂吾相不当侯邪?且固命也?"

自从汉朝伐匈奴,我就跟着一起征讨匈奴,但是那些校尉以下的士兵才能不及中等人，却因为斩杀匈奴士兵而被封侯，我却没有被封侯，为什么没有功劳的人可以得到封地？是我的面相当不了侯爵？这是因为命运吗？

这些疑问充分表达了李广对自己的人生际遇的迷茫与感慨。

让我们回到本书开篇所说的卫青不败由天幸，李广无功缘数奇。那么，李广身上的"数奇"，到底是不是代表着他的"运气差"？卫青和霍去病两人的"天幸"，就只能用"运气好"来解释了呢？其实李广的"数奇"中有人为，而卫青与霍去病"天幸"也有人为。而这个能改变人的命运的，就是汉武帝了。正是汉武帝不公平对待人才的态度导致他们三个人的人生际遇不尽相同。那么，汉武帝为什么对他们三人会有这样不公平的行为呢？首先就要了解李广的成长经历。

生于陇西成纪（今甘肃省天水市秦安县）的李广，家族世代以箭术见长，所以他自小便勇武善箭，在军中颇有名气。他的祖上名叫李信，是秦朝的一位大将军，燕太子丹就是被李信抓到的。

汉文帝十四年（前166），李广征讨匈奴，有功为郎。到了汉景帝的时候，李广曾为北方各边郡太守。匈奴攻入萧关，李广以良家子的身份参军，由于擅长骑马射箭，杀敌甚多，因此

第十章 飞将军李广

被任命为中郎，同时任武骑常侍，年俸800石。李广曾随汉文帝出征，经常冲锋陷阵，抵御敌军，猎杀猛兽，汉文帝忍不住说："可惜啊！你没遇到好的时机，若是早生几年赶上了高祖那个时候，封个万户侯也不是什么难事！"这句话与当初那个钳徒说卫青能封侯一样，都带有一定的预言性质。只是汉文帝恐怕也没有想到最后李广不但没有封侯还自刎而死，也或许这句话就存在了李广的心里，让李广对封侯一事十分期待。

汉景帝登基以后，李广被任命为陇西都尉，后改任骁骑都尉。景帝三年（前154），诸侯王国叛乱，称为七国之乱。当时李广跟随太尉周亚夫抗击吴、楚叛军，于昌邑城下拔下敌旗，立下赫赫战功。这本来是个封侯的好机会，但是梁孝王却将军印私自交给了李广，所以回朝之后，朝廷并未赏赐他。派他去做上谷太守，匈奴天天来打仗。负责属国的官员向皇帝哭诉道："李广雄才大略，天下无敌，他仗恃有本领，总是以一己之力与敌军正面作战，我担心会失去这员良将。"后来，李广被调任上郡太守，之后转任边境各郡太守，他曾任陇西、北地、雁门、代郡、云中等太守，是出了名的能征善战。

匈奴人进攻上郡时，汉景帝派来一名宦官跟随李广学习军事，与匈奴作战。这个宦官带领几十个骑兵，在草原上奔驰，结果遇到了三个匈奴人,他们没有骑马,宦官便和他们打了起来。这三个匈奴人也十分的厉害,他们回身放箭,将宦官射伤,又差点把他的骑兵都杀了。宦官逃回李广身边,李广说:"此人定是匈奴弓箭手,是个射雕能手。"李广遂率百余骑追去,追了几十里,李广见到这三人后下令,让自己的骑兵分两路散开,从两侧包围他们。李广亲自动手射杀他们,杀死两人,生擒一人,确实是匈奴射雕之人。李广将他缚在马背上,远远望见匈奴铁骑足有数千之多。当他们见到李广时,大吃一惊,纷纷登上山坡,摆好阵势要迎敌。李广的百名骑兵,亦是大惊失色,纷纷调转马头,想要离开。李广劝阻道:"我们与大本营相距数十里,若是我们这百余骑逃走,匈奴看到我们惊慌失措人数又少,必然会追杀而来,到时候,我们必死无疑。若我们不离开,他们只会认为我们后面还有大军,不敢进攻我们。"说完后李广又吩咐道:"前进!"他们继续前进,在距离敌人营地大约2里地的时候,他们停下脚步,李广命令道:"所有人下马,解鞍!"骑兵们却说:"这么多的匈奴士兵,而且距离这么近,万一出了什么事,我们该怎么办呢?"李广继续解释道:"敌军以为我军必逃,现在我们取下马鞍,表明我们不会逃跑,更可加深敌军的信心,认为我军乃诱敌之计。"果然匈奴人始终不敢攻击他

第十章　飞将军李广

们。之后从匈奴阵营中出来一个骑着白马的将领过来探查，李广翻身上马，带着十余个铁骑，一箭射杀了那个匈奴将领，这才回到自己的队伍中，取下马鞍，吩咐士兵自由地休息。这时天色已晚，匈奴军仍觉蹊跷，但是不敢攻来。到了深夜，匈奴军还认为周围有汉军埋伏，极有可能夜袭，因此匈奴大军干脆退走了。直到第二日清晨，李广才返回大营，大军不知道李广昨天去哪里，未能及时前来救援。但是李广靠着自己的冷静沉着和聪明才智逃过一劫。

几年后，汉景帝驾崩，汉武帝登基为帝。群臣皆知李广乃一代名将，于是，李广从上郡太守调到了未央宫，成为禁卫军长官，程不识也被调到这个位置。程不识和李广一样原是镇守边关的太守，负责驻军。两人齐名，但是两人行军风格完全不一样。李广在征讨匈奴的过程中，并不讲究队形，只在附近有水有草的地方扎营，这样方便了住宿，夜间也不设防，还把所有的文书都简化了，不过他派了哨兵在远处警戒，因此并没有遇到什么危险。而程不识对行军布阵、驻扎阵营都有严格的规定，晚上还要打更，书记官们都要忙到天亮才能完成任务，士兵们一刻也不能休息，因此也没有遇到什么危险。程不识说："李广治兵简便，若有敌人突然来袭，李广无法阻挡。但是他的士兵却过得很舒服，愿意为他卖命。我的军队虽然忙得不可开交，可是敌人却不敢来犯。"虽然两人都是名将，但因为李广有谋略，匈奴忌惮于他，大部分的将士都选择了追随李广，而不愿追随程不识吃苦。不过程不识一生无败仗，在汉景帝时，因多次直言进谏，被封为太中大夫。

李广出身良家子，良家子指的是"非医、巫、商贾、百工也"，也就是说出身于有一定财产，但职业不属于医生、巫师、商人、工匠等，且无家族犯罪记录，恪守伦理道德，品行端正的家庭。这样对比的话，很明显卫青和霍去病并不是良家子，他们的母亲都是奴婢，且又是私生子，还是有很大的差距的。在两汉时期，良家子是一个特殊的阶级，他们得到了国家的关注，并获得了进入社会上层的机会，尤其是六郡良家子更加受人瞩目。所谓"六郡"，指的是天水、陇西、安定、北地、上郡、河西。这里邻近北方边境，民风与游牧民族相近，崇尚勇武，擅骑射术。《汉书·地理志》中记载："汉兴，六郡良家子选给羽林、期门，以材力为官，名将多出焉。"所以由于地理位置、个人素质等方面的原因，六郡良家子弟往往都会被选为皇帝的亲卫，甚至是将军，是国家选拔人才的重要来源。

李广正是六郡良家子中的佼佼者，他浑身上下都透着一股

第十章 飞将军李广

英雄气概，前面所说的李广带上百名骑兵与数千匈奴骑兵遭遇时，李广沉着冷静，并且十分有胆量，最终化解危机，安然撤退。再比如元狩二年（前121），张骞未及时赶到，李广带着4000多名骑兵抵抗匈奴大军，生死关头，士兵们面如土色，只有他镇定自若，不愧是一代名将。而且李广善于训练士兵，正直廉洁。这些都是良家子的品行。

而卫青和霍去病就是外戚的代表，是皇后卫子夫的弟弟和外甥。但是卫家、霍家的社会地位，自然不可能与李广相比。明白李广、卫青、霍去病三人的身世后，就知道汉武帝为何对待良家子与外戚的态度有区别了。外戚是靠着裙带关系上位的，是皇帝一手提拔的，自然与皇上亲近。汉武帝登基后，为了巩固中央权力，改变了西汉初期"无为之治"，有意识地对外戚加以重用，把他们当作巩固皇权的重要手段，同时，利用新晋的外戚来压制旧的外戚，以实现政治上的平衡。汉武帝时期，外戚势力在朝政中占有重要地位。汉武帝对卫青、霍去病二人的宠爱，不仅仅因为他们是外戚，更重要的是卫青与霍去病两人的行事风格。卫青奴隶之子的身份，影响了他日后为人处世的态度。就比如前面所讲的钳徒相面一事，当时卫青说的是"人奴之生，得毋笞骂即足矣，安得封侯事乎！"他很明白自己的身份，人奴之子，即使后来他功成名就，身居高位，但"以奴事主"的思想观念与做人准则仍然刻在骨子里。在汉武帝面前，他一直是"仁善退让，以和柔自媚于上"。比方说在处理苏建一事时，有人说该杀，有人说不该放，但是卫青却说："以皇上对我的宠爱，我不应该在边境擅自处置苏建，而是应该把这件事上报给天子，由天子定夺，臣子不该专权。"卫青身为统帅，在处置苏建时却不敢自己定夺，可见他确实将天子当成自己的主子。苏建曾向卫青提出了一个建议："你应该像古代的名将一样，招收大量的人才，增加自己的声望。"在战国时代，养士是一种很普遍的现象，贵族们为了提升自己在政治上的地位，通常都是通过"养士"来实现的。但到了秦、汉两代，天下一统，养士多容易引起帝王的猜疑，已是不合时宜之举。卫青一向对名利看得很淡，又深知养士之弊，所以没有采纳苏建的提议："魏其侯窦婴和武安侯田蚡都有很多门客，惹得皇上恨之入骨。招募有才能的人，是君王的责任。做臣子的只是恪守律法，做好自己的本职工作。"卫青时刻告诫自己，要将手中的权力用在正途上，兢兢业业地为国效力。这话确实说得对，但是很明显，卫青所做的一切事情，都是以汉武帝的喜好为中心，听从汉武帝的命令，而霍去病也是如此。这样，汉武帝自然是宠信这两

第十章　飞将军李广

人。

相比于外戚，良家子虽然出身清白，能力出众，但只能靠自己的努力，靠军功一步步往上升，没有可依附的势力。汉武帝论功行赏，很多不是外戚的将领也被封侯，从表面上来看，汉武帝对于六郡良家子出身的将领，是一视同仁，而且是非常看重的。比如公孙贺、公孙敖，也都是六郡良家子出身，无一不是声名显赫之辈。其实，他们都是跟随卫青或者霍去病征战的下属，虽然不是外戚，但严格来说确是在依附外戚。公孙贺是卫青的姐夫，公孙敖是卫青的好友和救命恩人。因为外戚的这层关系，即使他们有过失败也有机会再度起来，这就是外戚的力量。而其他被封侯的将领就算不是卫青、霍去病的亲戚，也是两人的门人。李广也曾经两次跟随卫青作战，担任副将，但是卫青并不认为他是自己的嫡系，对他并不看重。所以李广还是良家子的代表。可以说李广与卫青、霍去病代表着不同的政治力量，他们之间的矛盾，是两种政治力量的冲突。其实，六郡良家子中，也有一些人获得了爵位，但是想要成为统帅，几乎是不可能的事情。在汉武帝执政时期，之前的军功集团与他们子孙均已衰微，汉武帝转而启用外戚为帅。对于汉武帝来说，只有"自己人"才能坐统帅的位置，若是"自己人"有足够的才华，那就更好了，比如卫青、霍去病这样的，以军功功成名就，就算没有外戚的身份，皇帝也很喜欢。就算"自己人"资质一般，皇上想让他们立下大功，也会给他们足够的重视与支持。比如后来汉武帝的宠姬李氏的兄弟李广利，能力比较平庸，但是也能成为将军。

卫青和霍去病，在当时只能算得上是政治上的"暴发户"，而李广则属于"清流"。所以实际上卫青和霍去病在朝廷上的口碑并没有与军功所建立的声望相匹配。

再往深处去想，李广难封，并非只有他一人，更多的是这一类人都没有受到汉武帝的重视；而卫青和霍去病的幸运，也并不是只有这两个人幸运，而是这一类人都幸运。最根本的原因还是两者的身份是良家子与外戚的区别。

如此说来，李广一直处在不被重用的处境，后来李广在雁门之战中被俘虏，逃回来后本来是被判了死罪，李广用钱赎身后成为平民。之后李广隐居在兰田，在家中过了几年清闲日子，以打猎为生。有一次他出去打猎，见草丛中有一块大石头，误以为是一只猛虎，便对着它举弓射箭，结果一箭穿石而入，李广才发现原来是石头，大为惊讶。他又试了几次，都没能射入那块石头。李广长年驻守各郡，听闻老虎出没，往往亲赴猎虎。

第十章　飞将军李广

可见其胆量与箭法精准。李广也是有仇必报。有一天晚上，李广带着随从出去，返回途中，路过灞陵亭时，被喝得酩酊大醉的灞陵尉呵斥，不让李广通过。李广的随从说："这是前任李将军。"没想到亭尉却说："就是现任将军也不许通行，更遑论是前任呢！"于是将李广押入灞陵亭。不久，匈奴进犯，汉武帝再次起用李广，任命李广为右北平太守。李广当即要求派灞陵尉与他一起赴任，到了军中后就杀死了他。

但是李广在士兵中的名声还是很好的，他为官清廉，为人正直，每次有赏赐，都会分给部下，饮食都是和自己的将士们在一块儿。李广一生为官40余年，家中无半点积蓄。李广身材魁梧，双臂粗壮，箭术极佳，就算是他的子孙，也无法与之相比。李广射箭是有诀窍的，观察到敌人距离自己不足数十步，而自己又可能射不到时，就不会射箭，因为一旦箭射出去，敌人就会应声卧倒。所以他因此错失一些机会，在他带兵的时候，好几次都吃了亏，打猎的时候，也被野兽伤到过。李广不善言辞，说话不多，所以在漠北大战中被指责迷路，也没有为自己争辩，将责任都揽在自己身上，之后自尽。他与人交流就是在地上画军阵，然后比射箭，再以箭矢射中最多或者最少来定谁喝酒。他一直把射箭当作一种爱好，直到去世。李广率领大军，如果到了水源粮食匮乏的地方，发现水源或者粮食的话，士兵们没有都喝到水，李广也绝对不会先喝水，士兵们没有都吃到饭，李广也不会先吃一口饭。而且对比程不识来说，李广对待士兵和善，平易近人，深得将士们的喜爱与信任。

李广纠结一生的事就是他没有被封侯。他的堂弟李蔡曾经和他一起侍奉过汉文帝，到了汉武帝的时候已经是代国的国相。后来李蔡还在元朔五年（前124），随卫青征讨匈奴右贤王时立下大功，被封为乐安侯。李蔡的才华和名气都远不如李广，但是李广一直没有被封侯，官位也不曾超过九卿，而李蔡却被封侯，官位甚至达到三公。而且李广属下的不少军官都被册封为侯，李广自然是心焦，所以就出现了前文所说李广问王朔的话，为什么他就不能被封侯，是因为命就该如此吗？王朔回道："将军想一想，你有没有做过值得后悔的事？"李广想了下还真说了一件事："我原为陇西太守，有一年，羌族叛乱，我计诱他们投降，有800余人归降，然后我又把他们在同一天斩杀了。这是我至今最后悔的事情。"王朔说："杀死投降的人，这是天下最招祸端的事了，这可能就是你不能封侯的原因吧。"如果是这个原因的话，或许李广的心里会舒服一些吧。又过了两年，李广参加漠北大战，最后自尽身亡。

第十章 飞将军李广

李广有三子，分别叫作李当户、李椒和李敢，有一次汉武帝和弄臣韩嫣戏耍，韩嫣的举动有些放肆，李当户上前要打韩嫣，韩嫣逃走，汉武帝觉得李当户很勇敢。可惜李当户死得早，李广的二儿子李椒被封为代郡太守，后来也死了。两个人都是在李广死之前去世的。而李广死的时候，三儿子李敢正追随霍去病征讨匈奴，浴血奋战，封为二百户人家，接替李广的位置，成为郎中令，也算是完成了父亲李广的遗愿。不过好景不长，李敢因为父亲含恨自尽而对卫青怀恨在心，将卫青打伤，卫青怕多生事端，便将这件事瞒了下来，没有声张。但是霍去病还是知道了，后来李敢跟随汉武帝到甘泉宫打猎，霍去病一箭射死了李敢。当时霍去病很得宠，汉武帝隐瞒了李敢的死因，说他是被一头鹿撞死的。

关于李敢被霍去病射杀这件事的疑点很多。首先李敢是在元狩四年（前119）春打伤卫青的，第二年秋天霍去病射杀了李敢，为什么会在一年之后霍去病才射杀李敢？再说了，霍去病在甘泉宫杀了李敢，汉武帝当时也在那里，那几乎可以说是在汉武帝面前动手的。为什么霍去病会选择这样的地方动手？而且是谁告诉霍去病的呢？极有可能是有人刻意挑唆霍去病，将李敢打卫青的事在那个时间段、那个地点告诉了他。以他的性格，再加上他对卫青的感情，绝对会毫不犹豫地要了李敢的命。

其实在这期间还发生了一件事。元狩五年（前118）三月，前面说过的李广的堂弟李蔡，以丞相身份侵占汉景帝陵墓前道路两侧的土地而获罪。李蔡因不愿受审，也自尽而亡。李蔡这件事也有疑点，李蔡为何要冒着极大的危险，去占皇陵的土地？这可是死罪，而且还没有调查他就自尽了，李氏家族自此一天比一天没落。

这些事情，或许全都和卫氏脱不了干系。从李敢的态度就可以看出来，李氏家族上下，都认为李广是被卫青害死的。而现在李蔡和李敢一死，李家便无人敢向卫青报仇。汉武帝对霍去病射杀李敢这件事会产生不好的印象，大臣们也会对他产生敌意，这对于卫氏集团来说是一箭三雕的好事。

不过李广的孙子李陵还有些能力，李陵长大后成为建章营的监督官，负责监察所有的骑兵。他与李广一样精擅箭术，又爱惜士卒，汉武帝看李家世代为将，便命李陵统率八百骑。不过李陵的运气确实也不怎么好，第一次带兵深入匈奴2000余里，都没有遇到匈奴，无功而返。后来被封为骑都尉，在酒泉和张掖训练弓箭手，驻扎于此，以抵御匈奴。又过了数年，天汉二年（前99），汉武帝再次征伐匈奴，他让李陵率5000名步兵射

第十章 飞将军李广

手,深入居延海北部千余里处,欲借此分化敌军的兵力。本来进行得很顺利,李陵就要在约定的时间返回,这个时候李陵遇到了和他爷爷李广一样的情况,李陵的5000人被匈奴8万大军团团围住。在箭矢耗尽的情况下,战死的士兵超过一半,但是他们也斩杀了上万的敌人。两军足足打了8日,李陵且战且退,就在他们要返回的时候,被匈奴大军拦住了退路。李陵的部队缺少粮草,援军又迟迟没有到来,匈奴就劝说李陵投降。最终李陵无奈道:"我无颜去见皇上!"之后投降匈奴,他的军队全军覆没,只剩下400余人逃回了汉朝。匈奴单于因为经常听到李家的名声,再加上他在战场上的勇猛,便将自己的女儿许配给了李陵。大汉朝廷得知此事后,将李陵的母亲、妻子整个家族处死。自此,李家的声望一落千丈,在陇西,但凡是李氏的门客,都以此为耻。李广死的时候,所有认识和不认识他的人都为他哀悼,他赢得了士兵们的信任。而几十年后,他的家族落得这样的下场,实在是可悲。

李广与卫青、霍去病的异同,可以从品行、军事才能和历史成就三个方面加以对比。李广和卫青从品行上来说,都爱护士兵,李广与士兵同吃同喝;卫青对士兵也比较温和,遇士大夫以礼相待,经常对士兵施恩,而且对敌勇猛,身先士卒,休息的时候如果井还没有通，卫青必须等到士兵们都有水喝，他才喝水，士兵渡江的时候也要等士兵渡过去，自己才过江。皇太后赏赐给他的金银珠宝，他也都赏赐给军中文官，这是古代的名将所不能及的。这要比霍去病做得好，前面有讲过，汉武帝给霍去病送去几十车粮食，但是回来的时候车里还有剩的粮食，他的士兵却在挨饿。这是霍去病最大的缺点。但是人无完人，李广在品德上也有瑕疵，就是坑杀投降的士兵，而卫青对汉武帝过于卑躬屈膝，过于媚上，这就难免有失气节。在汉武帝决策出问题的时候，卫青从来没有进谏过，只一味地讨好。汉武帝曾经对卫青解释自己为什么打仗："汉家庶事草创，加四夷侵陵中国，朕不变更制度，后世无法；不出师征伐，天下不安。为此者，不得不劳民。若后世又如朕所为，是袭亡秦之迹也。"（《资治通鉴》）大意是说，汉朝自创立后，制度还不够完善，再加上外族经常骚扰边境，如果我不改变这个制度，后人也不可能改变；如果我不出征，天下不安宁。因为这些，我不得不劳累百姓。如果后世的人还像我这样做，就有可能像秦朝一样灭亡。汉武帝很清楚战争带来的后果，但是在汉武帝不断发动战争的时候，卫青从来没有阻止过他。

就军事能力而论，李广可为前锋，他的优点是领少量兵冲

第十章 飞将军李广

锋陷阵，利用战术达到目的；卫青和霍去病可以为统帅，他们的优点是指挥大军团作战，擅长长途行军，有极高的战略水平。就历史成就来说，在斩杀敌军人数上，卫青和霍去病远远超过了李广，消灭了匈奴大量的主力，给匈奴以沉重一击。其内在的意义是显示了汉朝的国威，增强了民众的信心，扩大了汉朝的疆土，为汉武帝晚期征战打下了坚实的基础。总之，论人品，李广未必比卫青、霍去病二人高；论军事才能与历史成就，李广也远逊于卫青、霍去病二人。

评价卫青、霍去病以及李广，我们必须将他们置于具体的历史背景和社会环境中进行考量。每个人的成就和影响都是在特定时代背景下形成的，他们的行为和决策往往与当时的政治、经济、文化乃至军事状况紧密相关。

卫青，以七战七捷的辉煌战绩在历史上留下浓墨重彩的一笔，确实罕见。而霍去病，这位横空出世的少年将军，以其惊人的军事天赋和勇猛精神，同样在对抗匈奴的战争中取得了令人瞩目的成就。那么两人到底谁更厉害呢？在漠北大战之后，霍去病作为卫青最亲近的战友和外甥，又发生了什么呢？

第十一章 大汉双璧

谁也没有想到霍去病这么快离世，就在漠北大战两年后，元狩六年（前117）秋，霍去病薨，年仅24岁的骠骑将军就这样结束了他短暂却辉煌的传奇人生。

> 骠骑将军自（元狩）四年军（出征）后（的第）三年，元狩六年而卒。天子悼之，发属国玄甲军，陈自长安至茂陵，为冢像祁连山。谥之，并武与广地曰景桓侯。

汉武帝得知这个消息后，悲痛欲绝，为他举行了盛大的葬礼，亲自为其送葬，葬礼当天，还命属国玄甲军，从长安到茂陵护送，将霍去病葬于祁连山。属国玄甲军指的是陇西、北地、定襄、代郡、云中5个郡的匈奴移民穿着黑色铠甲，他们列队成阵护送霍去病的灵柩入葬。汉武帝为了显示对他的特殊宠爱，将他的陵墓安排在自己茂陵的东北角；为了突出他的辉煌战绩，汉武帝把他的坟墓建得像祁连山的形状一样，并且墓碑前立着一块巨大的墓碑，上书"汉骠骑将军大司马冠军侯霍公去病墓"十六个大字。这不仅仅是为了纪念霍去病抗击匈奴的历史意义，更是一种象征意义，让后世的人看到他的丰功伟绩，让他的精神代代相传。

霍去病墓前石刻没有像秦始皇陵兵马俑那样井然有序，而是随意地排列着，石刻的雕刻流露出一股浑然天成的气息，工匠们巧妙地利用石材，每一处都有不同的动物形象，尽量使其达到自然的形态，就像是祁连山上的野兽出没，重现了祁连山极为险峻的自然风貌，使人仿佛看到了当年霍去病在战场上的情景。以马踏匈奴为主题的石刻，与周边的其他兽雕组合在一起，错落分布的石雕群，既展示了富有生机的自然，又以姿态各异的动物意象，表现出强大的生命力。再与陵墓所呈现的险恶自然环境相融合，突出了战争的艰难以及汉兵与匈奴之间的战争的惨烈，显示出了汉兵的英勇和顽强。

霍去病墓前的石刻，既与当地的自然风光相融合，显示出其天然的艺术韵味，又对霍去病的军旅生涯进行了侧面烘托。而且这些石刻所具有的特殊的艺术造诣，对后世的陵墓石刻产生了深远的影响。它既是我国现存最早、最完整的石刻群，又弘扬了几千年来最能体现中华民族精神的爱国主义精神。

霍去病的谥号是将"勇武"和"开疆辟土"这两个含义结合在一起的，汉武帝称他为景桓侯。而冠军侯这个爵位由霍去病的儿子霍嬗继承，霍嬗年龄小，表字叫子侯，深得汉武帝的宠爱，想等他长大后让他也做将军。谁知道6年后，霍嬗却死了，汉武帝赐谥号哀侯。因为霍嬗没有儿子，所以霍去病再没有子嗣，他这一支断绝了，汉武帝曾经给霍去病的封地也被收回了。

骠骑将军霍去病是个沉默寡言的人，从来不会把别人说的事说出去，他有魄力，敢作敢当，而且从来不唯唯诺诺。有一次，汉武帝想让他学习孙子和吴起的兵法，没想到霍去病回道："打仗，只要懂得战术就行，不需要把古代的兵法都学会。"从此，汉武帝对霍去病更是器重与宠爱。霍去病自幼便在宫中服侍皇上，虽然他对荣华富贵并不放在心上，但是因为见惯了富贵，所以不懂得体恤将士。他出征的时候，汉武帝派人给他送来几十车的粮食，等他回来的时候，车上还有许多吃剩下的米和肉，但是他的士兵有些还在挨饿。在外征战的时候，粮草不足，士兵们吃不饱饭士气低落，霍去病却还在操场上踢球玩乐。

第十一章 大汉双璧

很多事上霍去病都是这样做的。

而大将军卫青却是宅心仁厚，有忍让之心，宽以待人，讨皇帝欢心，但世人却很少称赞他。这可能是因为两人从小的生活经历不一样，两人虽然都是私生子，但是卫青从小受尽白眼，甚至在自己的父亲家受尽虐待。他能成为现在的大将军，除了自身能力外，确实是有几分运气的。这也让他从小见到的人和事与霍去病这种生长在繁华环境中见到的不一样。卫青也是很明白自己的一切都是汉武帝给的，他也绝对不允许自己再回到曾经的生活，所以他对汉武帝难免多了几分谄媚吧。

反观霍去病，他虽然不体恤士兵，但是却多了几分直率与真诚。至于他的死亡原因，有三种说法，一种是病死，一种是在打匈奴的时候染上瘟疫，一种是隐居，但是似乎都站不住脚。首先，历史上从来没有提到过他生病或者身体不好的情况，司马迁对这件事情的描述也很耐人寻味，他在《史记》中仅以"卒"一个字写霍去病死了，但把汉武帝对其隆重的丧葬仪式进行了详尽的记录。可能连司马迁自己都不知道霍去病到底是怎么死的，这说明朝廷对霍去病之死有所保留。如果霍去病是因病去世的，朝廷不会隐瞒，但司马迁不会信，不然司马迁也不会只写"卒"一个字，而是会写"病逝"。

那么霍去病是不是在漠北之战染上瘟疫了？其实这个原因不深思的话倒也说得过去，毕竟漠北如此之远，饮水吃饭都很不方便，倒是有这个可能。所以有人说霍去病之死是因为在打仗的过程中饮用的水有问题。但问题是漠北之战发生在元狩四年（前119），霍去病是在元狩六年（前117）去世，究竟是什么疾病会有如此漫长的潜伏时间，而霍去病又一点儿也没有表现出来？再说如果霍去病就是因瘟疫而死，那也不可能只有霍去病一个人感染了这种瘟疫，可是当时历史上却没有记载出现过大规模的士兵被传染而死的记录。

最后一个说法就是霍去病假死隐退，这更是无稽之谈了。当时漠北大战之后，大汉和匈奴两方都元气大伤，匈奴派出使节前来求和，汉朝也派使者前往匈奴交涉，没想到匈奴拒绝接受大汉的条件，将使者扣留，汉武帝决定再次与匈奴开战。三军统帅霍去病不可能在这时候隐退。这不但是把国家大事当成了儿戏，也是在侮辱霍去病。

那霍去病到底是怎么死的呢？事实上，通过对漠北之战后至霍去病死前这两年间所经历的一些重大事件的梳理，可以看出，霍去病的死亡背后还隐藏着许多不为人知的秘密。首先汉武帝一直在尊霍抑卫。自从霍去病被封为冠军侯之后，汉武帝

第十一章 大汉双璧

就有意培养他，打算让他成为卫青的接班人，并且刻意压制卫青，在漠北大战的时候表现得更为突出。在漠北大战之前，汉武帝就为了让霍去病与匈奴单于对上，更改他和卫青的出兵方向。在战争结束论功行赏的时候，重霍抑卫的倾向越发突出，凡是随霍去病征战的士兵，大都被封侯，而跟随卫青的士兵没有一个被封侯获得奖赏的，甚至连卫青本人也没有封侯。这固然与两人的功绩有关系，虽然卫青在漠北大战的功绩比霍去病要差一些，但是一点儿不封赏，汉武帝如此行为到底是有些伤人了。

那么，汉武帝为什么要借霍去病之手来压制卫青？卫青当时的名声是十分好的，他在与匈奴的战斗中立下了汗马功劳，再加上他谦和有礼，为人宽厚，深受大家的爱戴。卫青又身居高位，他的姐姐是皇后，他的外甥为储君，他的妻子是长公主，这几个人之间自然形成了一股强大的势力。卫青虽然一向谨慎，但他的党羽却十分强大。因此，汉武帝不得不采取遏制卫氏家族的行为，那就是尊霍抑卫。而霍去病的性格也能够让汉武帝放心，毕竟霍去病少言寡语，又不热衷于政治活动，而且他也有不体恤士兵的缺点，他身边没有聚集起任何的利益集团，对汉武帝没有任何的政治威胁。霍去病与卫青一家虽有血缘关系，却与卫氏集团没有利益关系，反而，他的成功，甚至有可能对卫青的地位构成威胁，这是卫氏势力所不希望见到的，他们当然会竭尽全力地保护卫青，维护自己的利益。

虽然霍去病已经官居大司马、大将军，但是在朝政方面却没有什么建树，只有寥寥几笔记载他请立三位皇子为王的政事，算是少有的涉及政事的行为。元狩六年（前117）四月，在霍去病的带领下，群臣纷纷上书，请求汉武帝册封刘闳、刘旦、刘胥三位皇子为王。这三个皇子，都是汉武帝最疼爱的儿子，而太子刘据为人宽厚温和，却并不受汉武帝待见，但是现在已经到这个地步，汉武帝迫于压力只能同意封三位皇子为王。虽然看似是为了三王谋福利，其实最大的受益者还是刘据。当时卫子夫年老色衰，让卫氏集团的人都感觉到了一种危机。于是平日里很少插手朝政的霍去病参与到这件事情中来，只是到底是谁让霍去病挑头的呢？是卫青还是卫子夫？霍去病为人极重情义，在漠北大战之后，因汉武帝有意尊霍抑卫，使得卫氏集团势力大损，这个时候霍去病或许为了修补他和卫氏集团的关系，倒是有可能会这样做。

所以霍去病的死或许可能是政治权力相互倾轧造成的，不知道卫青是否与霍去病的死有关。不过这一切都是猜测，霍去

第十一章 大汉双璧

病与卫青两人的关系应该还是不错的,希望有一天能够出现霍去病真实的死因,来解开这个千古谜题。

霍去病对大汉的功绩不必多说,但是按道理来说,卫青的功绩也不少,为何大家更追捧霍去病呢?从《史记·卫将军骠骑列传》中就可以看出作者对他的高度肯定与赞誉。

霍去病与卫青战果的对比:卫青与霍去病两人初次征伐匈奴,结果有很大的区别,卫青为车骑将军,奇袭匈奴龙城,他当时率领1万骑兵,斩杀捕获匈奴数百人。霍去病第一次登场是在漠南之战,跟随卫青,率领800轻骑离开大军,诏书上记载,霍去病一共斩杀匈奴2028人。

当然,单纯的对比数量并不公平,因为战争环境是不一样的,那么两人在同一场战争中的战果又是怎么样的呢?两人一同参加的战役一共有两场,分别是前文所说的霍去病首战的漠南战役,以及卫青最后一次上战场的漠北大战。在漠南战役中,卫青两次进攻匈奴一共斩杀了1万多人,第一次"斩首数千级而还",第二次"斩首虏万余人"。但是卫青并没有被封赏,因为他还折损两员大将,军功不多。而霍去病在这一战中脱颖而出,声名鹊起。

卫青的最后一场大战是漠北之战,距离上一次参战已经过去4年了。在这场战争中，卫青"大将军军入塞，凡斩捕首虏万九千级"，以一己之力击溃单于军，展现出了令人闻风丧胆的气势。但是卫青却没有得到汉武帝的封赏，他的下属也没有得到封赏。霍去病在这一战中，所斩杀俘虏的匈奴人超过了卫青，汉武帝下诏封赏霍去病"以五千八百户益封骠骑将军"，与霍去病一起征战的6员大将都得到了封赏，可见汉武帝对霍去病的功绩是多么的认可。

最后对卫青、霍去病两人的战绩作一个总体的总结：加起来，大将军卫青一共进攻了7次匈奴，斩获了5万多人。他与单于一战，夺回河南地区，并设朔方郡，又增封了2次，封地共计11800户。他的三个儿子都被授予了爵位，各得1300户。卫家受封的户数合并起来，共有15700户。卫青手下有9人都是追随他立下大功并被封侯，他手下还有14名副将当了将军。其中他的副将李广，有单独的传记。

最大将军青，凡七出击匈奴，斩捕首虏五万余级。一与单于战，收河南地，遂置朔方郡，再益封，凡万一千八百户。封三子为侯，侯千三百户。并之，万五千七百户。其校尉裨将以从大将军侯者九人。其

第十一章 大汉双璧

裨将及校尉已为将者十四人。为裨将者曰李广，自有传。

骠骑将军霍去病一共进攻匈奴6次，其中4次都是以将军的身份出战，一共击杀了11万多名匈奴士兵。浑邪王率数万大军归顺后，河西、酒泉一带疆土被开拓，使匈奴在西域的活动大大减少。他四度受封赏，封地共有15100户。他手下有6员大将都因跟随他而被封侯，后来有两个人成为将军。

最骠骑将军去病，凡六出击匈奴，其四出以将军，斩捕首虏十一万余级。及浑邪王以众降数万，遂开河西酒泉之地，西方益少胡寇。四益封，凡万五千一百户。其校吏有功为侯者凡六人，而后为将军二人。

两人在杀敌数量上高下立判，卫青一共斩杀俘虏匈奴5万多人，霍去病一共斩杀俘虏匈奴11万多人。然后从嘉奖诏书和封赏上来看，卫青7次征讨匈奴，先后2次受到皇帝的封赏和诏书，一次是河南战役，一次是奇袭右贤王战役；霍去病6次征讨匈奴，一共得到了5次封赏，其中河西战役中2次征讨匈

149

奴，诏书中提到"再冠军"，这是对他的2次胜利的褒奖，也就是说，他每一次征战，都会得到封赏。汉武帝的嘉奖诏书可以体现霍去病的功绩，那么诏书又有什么来历呢？

在西汉，诏书制度尚未正式成型，也未设立相对应的制诏机构，所以可以推断，西汉时期除少数年幼的皇帝外，绝大部分诏书都是皇帝亲笔所书。而汉武帝的诏书数量众多，内容丰富，大都为汉武帝亲手所写，他每次拟成诏书后，都会让司马相如等文臣润色。如果是亲自写的诏书，不仅在内容上保证了真实性，而且还增加了自己的感情表达。汉武帝写的封赏诏书都是先说功臣的功绩，给出一个合理的封赏理由，然后再写怎么封赏。卫青和霍去病得到的诏书都是这样的框架。在汉武帝给公孙弘的诏书中有一句话："劳大者厥禄厚，德盛者获爵尊。故武功以显重，而文德以行褒。"这是汉武帝对臣子的封赏的一个重要准则，而霍去病和卫青之所以能得到这样封赏就是因为"武功以显重"，尤其是霍去病。

相对于给文臣的封赏诏书，汉武帝给霍去病的封赏诏书内容要多一些，里面包括行军路线，击败敌军的具体情况，伤亡情况，以及如何封赏等具体内容，甚至有几篇诏书还涉及了打仗的技巧和影响，内容更加详尽。

第十一章　大汉双璧

5篇诏书的具体内容如下:

剽姚校尉去病斩首虏二千二十八级,及相国、当户,斩单于大父行籍若侯产,生捕季父罗姑比,再冠军,以千六百户封去病为冠军侯。

——漠南战役诏书

骠骑将军率戎士逾乌盭,讨遫濮,涉狐奴,历五王国,辎重人众慴慑者弗取,冀获单于子。转战六日,过焉支山千有余里,合短兵,杀折兰王,斩卢胡王,诛全甲,执浑邪王子及相国、都尉,首虏八千余级,收休屠祭天金人,益封去病二千户。

——河西一战诏书

骠骑将军逾居延,遂过小月氏,攻祁连山,得酋涂王,以众降者二千五百人,斩首虏三万二百级,获五王,五王母,单于阏氏、王子五十九人,相国、将军、当户、都尉六十三人,师大率减什三,益封去病五千户。

——河西二战诏书

骠骑将军去病率师攻匈奴西域王浑邪,王及厥众

151

萌咸相奔，率以军粮接食，并将控弦万有余人，诛猿狞（悍），获首虏八千余级，降异国之王三十二人，战士不离伤，十万之众咸怀集服，仍与之劳，爰及河塞，庶几无患，幸既永绥矣。以千七百户益封骠骑将军。

——河西受降诏书

骠骑将军去病率师，躬将所获荤粥之士，约轻赍，绝大幕，涉获章渠，以诛比车耆，转击左大将，斩获旗鼓，历涉离侯。济弓闾，获屯头王、韩王等三人，将军、相国、当户、都尉八十三人，封狼居胥山，禅于姑衍，登临翰海。执卤获丑七万有四百四十三级，师率减什三，取食于敌，逴行殊远而粮不绝，以五千八百户益封骠骑将军。

——漠北大战诏书

这5道诏书的内容从第一篇漠南战役的50多个字，到最后一篇漠北大战的120多个字，越写越多，涵盖的内容也越来越丰富。而汉武帝给卫青的两道诏书也是如此，一道比一道字数多，而且整体字数来说都很多，大概是200字，可见汉武帝对卫青的功绩也是十分认可的。每一道诏书的内容之丰富，都直

第十一章　大汉双璧

接反映出这场战争的影响力，也反映出汉武帝和司马迁对其的肯定程度。不过汉武帝给卫青的诏书比较少，无法找到一些规律。

对于汉武帝给霍去病的诏书里，其中有三道诏书都提到了汉军的伤亡。河西二战诏书中的"师大率减什三"，漠北大战诏书中的"师率减什三"，还有河西受降后的诏书言及"战士不离伤"，都可以看出霍去病的军队伤亡并不是很大，与漠南战役中"尽亡其军"，河西二战中的李广"死者过半"形成了鲜明的对比。

诏书中也很清楚地记录了霍去病的一些作战技巧，特别是在漠北大战的受赏诏书中，有一句关于战前的策略："躬将所获荤粥之士，约轻赍"，意思就是不携带大量粮食，轻装出行，这样可以大大加快军队的行进速度。然后又说了霍去病是怎么解决粮草问题的，"取食于敌，逴行殊远而粮不绝"，就是夺取敌人的粮草，这样也激励将士们的斗志。这就是霍去病在战争中取得胜利的一个主要因素。

值得一提的是，河西受降一战的诏书，里面并没有具体的行军路线，因为这次并非汉军率先进攻，是霍去病渡过黄河，接受浑邪王等人的归降，并且在诏书中提到了出兵的原因，是

153

对方主动提出投降，希望汉朝来接应。这一次比较与众不同，所以这道诏书内容十分丰富，也有汉武帝对霍去病之前两次征伐河西的充分肯定。这道诏书还有一个与众不同的地方，就是之前的诏书都是"天子曰"，但唯独这一道，却是郑重其事地说了一句："于是天子嘉骠骑之功曰"，可见他对霍去病的功绩是何等的赞赏。

河西受降的封赏诏书是最能说明战争后果的："十万之众咸怀集服，仍与之劳，爰及河塞，庶几无患，幸既永绥矣。"这句话的意思是，匈奴的10万降兵心悦诚服，经过多年的征战，边境终于没有了灾祸，获得了长久的安宁。可见河西之战影响深远。

而到了最后一道诏书，漠北大战的受赏诏书内容除了有详细的行军路线、杀敌数量、奖赏内容等，还包括了己方的损失、战斗技巧和战后情况的描述，是对漠北大战进行了全面的总结。

可以看出，汉武帝的诏书可以使霍去病的功绩得以直接地展现出来。这也是司马迁在塑造他时，最显著的特征之一。汉武帝给武将的诏书充满了刚劲有力的风格，连续动词的运用更是增加了力量感，节奏激烈紧凑，气势雄浑，与战场上的情节相吻合，表现出将士的果决。其次，诏书的短句使用很明显，有其独到之处，霍去病的这 5 道诏书大都是用的八个字以下的短句，三字句、四字句还有五字句，铺列开来，连续使用，简洁活泼，既能把事情说得清楚明了，同时又营造了紧张的氛围。也将霍去病在战场上的迅速、果断、勇猛、一往无前的气势表现得淋漓尽致。

如此看来霍去病的战绩更加的辉煌，要知道，他的战功不仅仅是一个个数字，更是他在战场上浴血奋战的功劳，比起卫青的战功，他的战功更加的珍贵。

河西二战与河西受降这三场霍去病独立带领的战役值得一说。

河西地区是一条狭长的地带，又称河西走廊，它地处黄河之西，北部为蒙古高原戈壁，南部为祁连山。在古代，外国使节、商人和僧人都要经过这个地方，是重要的交通枢纽，因此也是匈奴和汉朝必争之地。

自战国至秦朝，河西一带活跃着月氏、乌孙和塞种等族。到了秦汉的时候，月氏族发展壮大，成为该区域的主导力量。在冒顿单于的领导下，匈奴逐渐强大起来，对月氏发动进攻，并获得了最终的胜利；后来新的单于即位，再次攻打月氏，杀死月氏王，还以他的头颅为酒杯，从此月氏离开河西。匈奴占据河西之后，单于任命浑邪王负责河西西部（今甘肃省酒泉市），而河西以东（今甘肃省武威市）则由休屠王负责，并对其周边诸国进行了严密的控制，对汉朝西部造成极大的威胁。

漠北之战后，匈奴大军退守漠北，只剩下几个小王在漠南，对大汉没有什么威胁，不足为惧。河西是一片肥沃的土地，出使过西域的张骞向汉武帝说过经营西域的好处，可以扩张土地，还可以得到宝马和各种宝物，若能与西域诸国建立联系，便可为消灭匈奴提供保证。而要想和西域建立联系，就需要通过河西。所以，汉武帝决定发兵夺取河西。

河西一战：六天战五国

汉武帝在元狩二年（前121）春天任命霍去病为骠骑将军，带着1万骑兵从陇西出发，这是他第一次成为主帅，而这次的目的更多的是试探性的远征。因为当时缺乏对河西地形的了解，也不了解当时敌情，所以为了不被匈奴大军发现，霍去病选了匈奴势力最薄弱的地方穿行。这一次，他率军直捣匈奴腹地数千里，穿插迂回，六天之内连战五国，一举攻克河西五个部落，越过焉支山（位于甘肃省张掖市山丹县东南），西行千余里，与匈奴二王一战，最后匈奴败退而逃。因为粮草不足，所以霍去病并不急于进攻，而是迅速向东打算撤回来，却在皋兰

第十一章 大汉双璧

山（位于甘肃省兰州市区南部）附近被匈奴折兰王、卢胡王所阻。这时霍去病所带的骑兵只剩下3000多人，霍去病率兵奋勇杀敌，与匈奴二王近身搏杀，战况十分激烈，最后将二人杀死，大获全胜。皋兰山之战，霍去病以少胜多，带着视死如归的决心，率领汉军前仆后继，不愧为骠骑将军。

最后霍去病击杀折兰王、卢胡王，生擒浑邪王之子、相国、都尉等人，收缴休屠（chú）王祭天金人像，共斩杀匈奴人8000多人。而完成这些壮举霍去病仅仅用了六天时间，充分体现了他卓越的军事才能，也使他在汉军和百姓心中留下了不可磨灭的印记。最重要的是，霍去病对河西一带的地势和匈奴所在位置已有相当的了解，为他再次进军河西，开辟河西走廊打下了良好的基础。

河西二战：断匈奴右臂

同年夏天，汉武帝趁将士士气正盛，第二次发兵河西，这次汉武帝派出的兵力相当庞大，除了霍去病率领的主力前锋，还有从旁策应的军队。汉武帝命骠骑将军霍去病、合骑侯公孙敖各率领数万铁骑，自北地郡（今甘肃省庆阳市宁县）起程，按照事先的部署，分路而行。与河西第一次战役一样，霍去病行军采取迂回战术，从北面绕到匈奴的后面，切断他们的后路。

公孙敖则在正面牵制匈奴的注意力，掩护霍去病部的进攻。于此期间，郎中令李广、卫尉张骞的目的就是牵制左贤王，他们率领万骑从右北平（今内蒙古自治区赤峰市宁城县西南部）出发。这样的军事部署可以看出，河西二战胜败与否完全取决于霍去病的军事才能和指挥能力，因为这是一场以他为中心的战略决战。

霍去病出了北地后，穿过了居延泽（今内蒙古自治区境内），越过小月氏（今甘肃省酒泉市），来到祁连山脚下的黑河流域（近弱水上游），进入了敌人的腹地，长达2000余里，俘虏了许多匈奴。而本来要在前面牵制匈奴的公孙敖想从青海越过祁连山进入河西，不料途中迷失方向，没能如期与霍去病会合，只得返回京城，再次被判了死罪，又一次交钱赎身，成了一名平民。而失去了公孙敖的辅助，霍去病面对突如其来的变故，临危不乱，果断出击，迅速击溃了匈奴，再次取得了胜利。

李广和张骞部也很不顺利。李广率领四千铁骑先到达目的地，左贤王带领着数万铁骑围攻李广，人数差距如此之大，李广坚持与匈奴激战两天，阵亡将士超过半数，但是他们杀死匈奴的数量超过了阵亡的人数，李广无功无过。等到匈奴撤退后，张骞才带着一万铁骑赶到。后来张骞因此被处以死罪，他同样交付了赎金，赎身为平民百姓。

这一次汉武帝自然大力表彰霍去病。

霍去病这次再次打了胜仗也有外在因素。首先，霍去病的士兵、兵器还有马匹都比其他将领优质，因为这些都是霍去病精心挑选的。但是最终的胜利也有他自身的原因，他敢带领士兵直捣匈奴腹地，十分有胆量，他总是带着健壮的骑兵冲在最前面。再加上有运气的加成，他的部队从来没有陷入过严重的危险。其实这恰恰有可能是因为他跑在最前面，绕过了匈奴主力，所以也不能完全说是运气的缘故。在皋兰山之战中霍去病以少胜多，足以证明霍去病的军事能力。不过那些老将往往会因为速度太慢而跟不上节奏，错过了最好的机会。总之，从这以后，霍去病在汉武帝心目中的地位与日俱增，地位之高，不亚于大将军卫青。

河西两次战役，卫青都没有参加，这段时间史书上也没有关于卫青的记载，不排除卫青是在多年的行军中，身体坚持不住，无法参加战役。其次还有可能是汉武帝对于外戚这个身份的顾虑，如果卫青与霍去病一同出战，两人都有了军功，又该怎样封赏？卫氏一族势力越来越大，到最后恐怕不好控制。这还是往好的方向去想。如果这次失败了呢，卫青与霍去病都死在了战场上，又有谁能来接替两人呢？所以最好的办法就是只派一个人去。更何况河西第一次战役，只是让霍去病探查河西那边的地理形势，并不是以打仗为主，所以也不需要卫青去，而第二次让霍去病率兵打仗，自然也是因为霍去病最了解那里。

卫青没有参与这次战役的原因还有一种可能，那就是汉武帝并不是很信任卫青了。上一场战役中，卫青发挥得并不是很好，而且汉武帝发现霍去病能力更优秀，胆子也更大一些。河西战役对汉武帝来说很重要，这次派兵人数超过了卫青参加的前几次战役。如果这次再失利，对于汉武帝来说也是巨大的损失。这样说来，汉武帝也不是单纯地因为外戚关系不安排卫青参战的。

总之，匈奴失去了山清水秀的河西走廊，无法在那里耕作放牧，军事和经济都受到了重创。当时还有一首《匈奴歌》来说这件事：失我焉支山，令我妇女无颜色；失我祁连山，使我六畜不蕃息。

而匈奴内部也发生了内乱，这一年秋天，因为河西这边的匈奴多次被霍去病的汉军击败，损失了数万大军还有肥沃的土地，匈奴单于十分生气，要召回在那里的浑邪王，将其斩杀。于是，浑邪王等小王想投降汉武帝，所以就先派使者到边境说

第十一章 大汉双璧

明这个情况。而当时李息正在黄河岸边带着士兵修建城池，得到消息后，立刻派人去禀报汉武帝。

汉武帝得知后自然是心中高兴，但是紧接着又有疑虑，他担心浑邪王是诈降，实际的目的是突袭边境。思来想去，汉武帝便派霍去病带着铁骑去接浑邪王等人。果然汉武帝的疑虑还是有一定道理的，霍去病过了黄河，看见了浑邪王等人，两边遥遥相望，这个时候，许多匈奴看见了汉军，大多不肯投降，都逃走了。如果放任他们离开恐怕会引起哗变，后果不堪设想。关键时刻，霍去病再次发挥他过人的胆识，毅然策马奔入敌军大营，会见浑邪王，斩杀那8000名企图逃跑的匈奴士兵，然后命浑邪王单独乘坐一辆马车，先行抵达汉武帝的行宫。然后霍去病再率领浑邪王的大军渡黄河，据说有10万人投降。当他们抵达长安时，汉武帝给了他们非常多的赏赐，又封浑邪王为漯阴侯。霍去病在最短的时间内，以最小的代价，将这场一触即发的战争，扼杀在摇篮之中。汉武帝对霍去病的功绩再次大加赞赏，汉军无一损伤，全军返回，在河塞地区的边患被消灭了，汉朝得到了和平。汉武帝还将陇西、北地和上郡的驻军减少了一半，减轻了百姓的徭役负担，对于恢复经济发展具有重要意义。

就这短短的一年之间，霍去病对匈奴的战争，在历史上留下了不可磨灭的一笔，汉朝取得了数年来对匈奴战争中最伟大的一场胜利，控制了河西走廊广大地区，截断了"匈奴右臂"，使得匈奴与西羌等地无法联系，终于金城、河西并南山至盐泽再没有匈奴的踪影。河西战役的大胜，改变了汉匈势力的格局，匈奴由盛而衰，大汉逐渐取得优势，拥有了战争的主动权，为后来完全击败匈奴打下了良好的基础。

那后来卫青是否再次领兵打仗呢，到底会在何时全面击溃匈奴？

霍去病作为"战神"般的存在，其实他从军只有4年，在这4年内只有第一次随卫青征战漠南是以校尉的身份，其他以骠骑将军的身份参加的战役是两次河西之战以及漠北之战，每一次都是汉军的主力，统率上万铁骑，战无不胜，维护了汉朝的边疆稳定。而他的战无不胜是有多方面原因的，其中也有卫青的功劳。

从霍去病本人来说，他是有自己的战术，《孙子兵法·虚实篇》中有一句"出其所不趋，趋其所不意"，意思是从敌军最薄弱的地方进攻，从最出其不意的地方出现。如此行进千里，其战斗力不减，因为所行之处没有敌人；攻击必能成功，因其所攻之处，是敌人没有防备的地方。而霍去病也是这样做的，出其不意，攻其不备，两次河西战役发生在元狩四年（前119）春夏两季，只用了几个月的时间，行军之迅速，行军距离之长，均超出了匈奴的预料，完全颠覆了匈奴人以前的作战模式。而且河西第二次战役，霍去病直行2000多里，绕开了匈奴军的前锋，迂回至匈奴的两侧后方，截断了敌人的退路，这种迂回包抄的战术达到出其不意的效果。

霍去病还喜欢远距离奔袭，快速结束战斗。霍去病对行军之道的把握非常巧妙，在每一场战斗中，都是以闪电般的速度进行长途奔袭。比如第一次随卫青出战时，霍去病带着骑兵"直弃大军数百里"，这是他率领上万铁骑进入沙漠时，所采用的一套行之有效的策略，骑兵区别于步兵就是可以远途行军，其次骑兵也比步兵快，所以可以做到快速结束战斗，比如河西战役中"历五王国""转战六日"。并且霍去病敢于孤军深入，奋勇作战，不畏艰险，表现了大无畏的牺牲精神，那他的部下自然也会跟着他向前冲。卫青第一次领军靠的也是奇袭，直接冲到了龙城。再比如元朔二年（前127），卫青率领4万人从云中出发，以迂回之计，从西边突袭匈奴的背后，夺取了高阙，然后再派大军南下，将其他人团团围住，一举歼灭。这一战，将河套地区完全控制，卫青被封为长平侯。如此看来这一对甥舅的行军风格还是挺像的，或者这种策略就是卫青教给霍去病的。

最重要的是霍去病不抢物资，不抓百姓，对顽固抵抗的匈奴士兵进行攻击，对投降的人宽恕，不滥杀无辜者。河西之战后，几万名匈奴人归顺，与霍去病这样的作战风格有很大的原因。霍去病战无不胜除了他自己的战术外，也需要部下的配合。因为霍去病在历次战役中都是统率大军，所以他麾下的将领都是经过精心挑选的，年轻并且骁勇善战。同时，他也很擅长利用投降的匈奴士兵，比如漠北之战，他就让熟悉沙漠地形的匈奴降将作为先锋。有这样一位年轻有为、勇于进取、知人善用的将帅，定能振奋全军的士气，鼓舞汉军的斗志，激发他们的血性。

知人善用这一点，霍去病要比卫青做得好，在漠北大战中，卫青选择了公孙敖而让李广"出东道"，如果同样的事发生在霍去病身上，他绝对不会这样选择的。卫青的行事作风明显要保守温和一些，或许也和两人当时的年龄有关系。

促成霍去病如此成就自然少不了汉武帝的提携与支持。汉武帝自从登基以来，就十分憎恶不断骚扰边境的匈奴，一定要征服匈奴。经过几年的努力，他了解了匈奴的生活习惯和西北大草原的地形。匈奴的军队主要是由一群骑兵组成的，所以汉武帝深知自己要对付的是一支强悍的骑兵队伍，他就需要有更强的骑兵队伍、更加灵活的作战策略。汉武帝继承了文景时期的养马养军之道，培育了大量的好马，造就了一支骁勇善战的军队，在此期间，实施新的经济方针，以发展经济为主，全面保障了汉匈连年征战所需要的粮食和物资。除了为部队的建设和后勤提供支持，在每次出征之前，汉武帝都会制订详尽的战略计划，其中包括任命将领、行军路线、出击时机等各个环节，敢于大胆使用年轻有为的将领，这也才有了卫青和霍去病出头的机会。汉武帝在作战过程中进行周密细致的安排，而霍去病所参与的这几场战役，基本都遵照汉武帝的战略安排，充分发挥了铁骑的灵活机动、迅捷勇猛等优势。

这一点上，霍去病又比卫青做得好。还是漠北战役中，当时汉武帝已经任命李广为前将军，即使汉武帝认为李广运气差一点儿，但是还是觉得他能胜任前将军这个职位的。当时李广在向卫青恳求自己做前锋的时候，也说过这一点，但是卫青还是违背了汉武帝的安排。

最后促使霍去病战无不胜的外界因素就是匈奴自己。一般来说，匈奴人都是在秋天进攻汉朝，因为秋天粮草充足、人强马壮，对于匈奴来说更适合打仗。但是从霍去病在河西和漠北两场战争中看，他选择的都是春夏两季，这对匈奴不利。除了作战时间外，作战地点的安排也是打仗中重要的一个节点。在河西战役以前，汉匈之战多发生在北部。比如之前卫青所参与的河南战役等，都发生在朔方、云中、代郡以北，处于匈奴王廷和汉朝关中之间，匈奴似乎习惯了在北方草原上作战，北方大败之后，匈奴大量兵力被调往西域，对河西的防守也就松懈了下来，谁也没有想到，汉军竟然会进入到沙漠之中，等到河西战事开始，匈奴后悔莫及。

不过关于霍去病河西战争的胜利也有卫青在其中的铺垫。元朔五年（前124），卫青率军突袭身在河西的右贤王，使右贤王部众元气大伤，实力大损。霍去病所面临的不是右贤王，而是浑邪王、休屠王。这两个小王带领的不是专业的士兵，他们平时和普通老百姓一样生产劳动，战时才离开生产岗位成为一名士兵，这无疑会对战斗力造成很大的影响。而且，当时河西还有几个被匈奴武力制服的小部落，由于长期受压迫和奴役，他们和匈奴之间的矛盾很大，这些都被霍去病所利用。所以，在天时、地利、人和这三个方面中，匈奴不但没有占到便宜，

第十一章 大汉双璧

还吃了大亏，这是匈奴战败而霍去病获胜的另一个重要因素。

霍去病之所以能在军事上取得如此辉煌的成就，有诸多因素的影响，虽然最主要的是他本人超凡的军事天赋和英勇无畏的战斗精神。但前人栽树，后人乘凉，卫青的功劳也是不可磨灭的。由于历史的原因，卫青在抗击匈奴的前期，汉族军队对匈奴人是充满畏惧情绪的，是卫青打出了汉族军队的气势和威风。他不仅是霍去病的前辈，更是他的引路人和榜样。

在沧桑巨变的历史长河中，霍去病或许已经变成了一个日益暗淡的英雄形象，他的事迹和传奇或许已经随着岁月的流逝而褪色，但他身上的热血却永远留在了天地之间，两千多年过去了，人们还在怀念着这个年轻武将的绝世风采，崇拜着他身上那种"苍狼"般的气质，为他那不恋奢华以身许国的高洁品性而惊叹不已。一代名将殒身之后，汉武帝便不再对匈奴发起过大规模的战争，仿佛这名年轻的将领已经结束了与匈奴的战斗，履行了自己的职责，最后离开了这个世界，以一种冷酷、骄傲、强大的英雄形象，永远铭刻在人们的脑海里。

第十二章 卫青和外戚

外戚又被称为"外家"，指的是与皇族有姻亲关系的家族，以帝王的母亲和妻子所在的两个家族为最大的势力。外戚在汉代的政坛上尤为活跃。汉武帝时期，外戚涉政的形式由女主执政转变为太后父兄辅政，为后世外戚辅政模式奠定了基础。而要想更深入地了解卫青，就要了解汉武帝对外戚的态度与相应举措，卫青的成长与辉煌离不开外戚的身份。随着对外戚的了解，能够更好地理解汉朝的政治风貌。

汉之初，朝政最先由吕后把持，后来又由窦太后把持。窦太后坚持无为而治，前面也有讲过，直到窦太后去世，汉武帝才将朝政把持在自己手中，大力改革，致力于开拓边疆，加强了中央集权的统治，但也出现了不少外戚，比如最开始的窦氏和王氏，这二者一个是太后的家族，一个是母后的家族，很快又有了卫氏和李氏，这二者是皇后与嫔妃的家族。

而其中以卫子夫、卫青为核心形成的外戚力量称为卫氏集

第十二章 卫青和外戚

团,或者叫作卫太子集团,其中包括卫氏亲属以及他们的朋友与宾客。卫氏集团是在窦氏没落之后崛起的,他们的成员更为复杂,大体可以分成两种:首先是卫氏的嫡系,主要有卫子夫、卫青,还有卫子夫的姐姐、兄长,卫子夫的儿子刘据和她所生的公主;其次就是霍去病、霍光、公孙贺等卫氏的旁系亲戚,卫青的好友公孙敖以及其他的故友和部下,等等。

卫子夫与卫青二人关系可分为三个时期。第一个时期是卫青依靠卫子夫。卫子夫入宫后,卫青也跟着沾光了,不但摆脱了下人的身份,还得到了官职。第二个时期,是两人相互依靠的时期。卫子夫为汉武帝生下长子,被立为皇后,卫青也立下了赫赫战功,成为一方诸侯,两人互相扶持。第三个时期则是卫子夫依靠卫青的时期。因为随着汉武帝的子嗣越来越多,卫子夫也渐渐老去,卫氏母子在朝中的地位不如以前,但朝中无人能与卫青和霍去病相抗衡,所以卫子夫的皇后之位、刘据的太子之位,都是靠着卫青和霍去病的支持。这就体现出外戚内部权力的交织。

卫氏家族出身低微,却能掌管大权,是因为当时婚姻并没有那么讲究门第,开放、自由的婚姻是整个社会普遍存在的一种现象,包括皇室。这种不重视门第的情况,在中国古代婚姻发展史上，恐怕西汉是最为显著的。这在一定程度上反映出当时社会风气比较开放，淡化了等级观念。

但是卫氏势力日渐壮大，汉武帝对卫氏的态度便越来越冷淡。首先，卫子夫因为生下汉武帝长子而被立为皇后，她在后宫中的地位最高。而卫青、霍去病两人，在与匈奴大战中，立下赫赫战功，为卫氏崛起创造了机会，卫青和他的三个儿子以及霍去病也因此获得了爵位。但随着大汉与匈奴间的大规模战争结束，汉武帝也腾出手来开始解决外戚涉政的问题。最后卫皇后、刘据太子因为"巫蛊之祸"而身死，偌大的卫氏集团也随之覆灭。

利用外戚制衡外戚，是汉武帝遏制外戚势力的一个手段。汉武帝刚登基的时候，为了与窦氏抗衡，就任用"好儒术"的田蚡等人，田蚡是他的舅舅，也是外戚。为了方便控制外戚，汉武帝扶持的新贵都是平民出身，甚至还比不上平民，如卫氏和后来的李氏都是乐人出身。而且汉武帝遏制外戚最重要的目标就是阻止女性统治政权。因为吕后专权与窦太后干政的历史教训历历在目，这一点从钩弋夫人之死就能看得出来。汉武帝晚年的时候，很喜欢钩弋夫人所生的儿子刘弗陵，甚至打算将他封为太子，但是因为他年幼，钩弋夫人也很年轻，怕她会像

第十二章 卫青和外戚

吕后和窦后般把持朝政，危及刘氏政权，所以为了让刘弗陵能够坐稳皇位，用一些小错作为借口，将钩弋夫人处死。所以，汉武帝对外戚涉政的担忧主要是在女性控制朝政方面，反而对外戚从政没有太多的抵触，因此卫青和霍去病相对来说反而安全许多，而且两人正是汉武帝巩固自己权力的利用对象。

但是这并不等于汉武帝对卫青这样的外戚就没有防范，他的另一个遏制外戚的方法就是对外戚升职的途径进行了限定。汉朝沿袭了秦朝的制度，实行由丞相为首领导百官的体系。丞相的职能就是协助皇上管理国家，在朝堂上享有很大的话语权和监察权力。而汉代初期，丞相大多是出自军事世家，比方萧何、曹参、周勃等；然后到了汉景帝的时候，丞相大多是窦婴、田蚡这样的外戚，而田蚡擅自任用高官引起了汉武帝的不满，所以当时这种官职选拔制度为外戚插手政治的渠道。为了防止外戚利用自己的丞相地位把持朝政，汉武帝扩充了丞相的人选，他在元朔五年（前124）以公孙弘为宰相。朔方郡就是公孙弘劝汉武帝建立的，公孙弘是汉朝第一个布衣丞相，后来被册封为平津侯，也是西汉第一个以丞相身份封侯的人，开创了"以丞相褒侯"的先例，从而打破了以贵族为主的统治阶层。

汉武帝这样做一改以往以侯封相的惯例，削弱了丞相的威信。另外，汉武帝还对官制进行了一些变革，"置大司马，以将军号冠之"，这是在元狩四年（前119），汉武帝设立了大司马，然后任命功勋卓著的大将军卫青和骠骑将军霍去病为大司马，这固然是对两人的荣宠，让两人的权势越来越大，达到巅峰。但实际上大司马不过就是一个虚职，分散了两人手中的实权，避免两人身居要职，这才改变了外戚担任丞相的习惯。

最后，汉武帝剪除外戚势力的方法还有一个杀手锏，就是巫蛊，这是汉武帝经常用的理由。西汉时期，巫术盛行，但是巫术同样也是禁忌。巫蛊大概意思就是用一个人偶作为一个载体，用某种特殊的方法，对自己所厌恶的人进行诅咒，给对方带来灾难。当初汉武帝就是用这个借口废掉了陈皇后，固然陈皇后确实实行了巫术，但汉武帝最根本的目的，极有可能是借机铲除窦太后的党羽。陈皇后当初就是想要给卫子夫施咒，但并没有成功，但是几十年后，卫氏集团同样是因为巫蛊而落下了帷幕，这可能是一种命运的轮回，更有可能是汉武帝利用同样的方式除掉了卫氏集团。只是这种方式到底是太过惨烈了，卫氏子弟和附庸全部被处死，整个汉朝都受到了影响。

那么巫蛊之祸到底是怎么一回事呢？

若是卫青与卫子夫一直保持着第三时期的关系，或许卫氏

第十二章 卫青和外戚

集团倾塌的时间还会晚一些,但是,卫青于元封五年(前106)去世,霍去病更是在10多年前就已经去世了。卫子夫和太子刘据在深宫中没有了依靠,偏偏这个时候又出现了新的外戚——李氏集团。

李氏集团中也有一个与卫青晋升方式一样的将军,他也有姐妹在汉武帝的后宫并且十分受宠,他就是李广利。他的妹妹李夫人是汉武帝后期最得宠的妃嫔,"倾国倾城"这个成语就源自李夫人;而李夫人的另一个哥哥是宫廷乐师李延年,写下了非常有名的曲子:"北方有佳人,绝世而独立。一顾倾人城,再顾倾人国。宁不知倾城与倾国,佳人难再得。"汉武帝听到此曲后,又有平阳公主的引荐,便召李夫人为妃。可以说她完全是卫子夫的翻版,都是由平阳公主所引荐,身份都十分的低微。不仅如此,李夫人还给汉武帝诞下了一名皇子刘髆。这与卫子夫也是一样的。而李夫人也是一个非常聪慧的人,懂得利用自己的能力,帮哥哥谋得高位。《汉书·外戚传》记载,李夫人生了一场大病后,死也不肯去见汉武帝,后来姐妹问她:"你为什么不见一下圣上,可以托付一下兄长,为什么不见呢?"李夫人说:"就是因为我要将兄弟托付给圣上,所以我才不想见圣上,我因为美貌,才得到卑微的恩宠。夫以色事人者,色衰而爱弛,爱弛则恩绝。圣上顾念我，就是因为我的美貌。今日我生病要死了，面目狰狞，圣上必有厌憎之意，弃我而去，哪里还会想着我的兄弟？"李夫人深知红颜易逝，为了不影响自己在汉武帝心目中的形象，她不愿让汉武帝看到自己病恹恹的样子。李夫人去世以后，按照皇后的礼仪下葬。汉武帝驾崩后，李夫人加谥孝武皇后。她是历史上第一个被追封为汉武帝皇后的人。

李广利会像卫青一样平步青云吗？卫青死后两年，汉武帝不顾蝗灾，大举进攻西域的大宛国，为的就是得到汗血宝马。因为好的马匹，是对抗匈奴的最大战略资源。汉武帝不惜一切代价想要得到汗血宝马，是为了改良马种，增加战马数量。而这一次，武帝选择了李广利来担任远征军的统帅，他是一个在历史上已经被证实的平庸之辈。汉武帝本来是想让他在战争中获得爵位，以此来提升自己的家族地位。可是，李广利在战场上却令人失望，他曾两次带兵讨伐大宛又与匈奴作战，但都使朝廷蒙受极大的损害。不过在汉武帝的授意下，已经死去的卫青被李广利取代，卫子夫被李夫人取代，那刘髆有没有可能取代刘据呢？

刘据出生时卫子夫还十分受宠，他是汉武帝的第一个儿子，武帝又将他立为太子，对他的培养自然十分看重，广邀贤臣教导他，还为他修建了一座庭院。只是刘据性情温和，而汉武帝一向雷厉风行，是个杀伐果断的皇帝，所以父子二人之间难免有些意见不合。例如，在用兵方面，刘据曾经数次劝说汉武帝不要征伐，免得天下黎民遭难，然而，那时候的西汉，经历了初期的休整，社会生产已开始复苏，汉武帝起兵征伐，稳定边疆，开疆扩土，这在客观上是非常明智的，这也是西汉发展最好的时机。作为储君，刘据却没有足够的政治意识，只存着慈悲之念，不够果断，并不具有一个帝王该有的品质，这在后来的事件中也体现出来了。尽管如此，但当时卫家子弟在朝中任职，卫青等人为汉武帝扩张立下了汗马功劳，更是为汉武帝巩固皇权、革除旧派，提供了强有力的政治后盾，汉武帝利用卫氏还未停止，也没有合适的外戚取而代之，汉武帝对卫氏还没有什么敌意，所以，在刘据几次向汉武帝提出反对意见的时候，汉武帝只是笑笑："吾当其劳，以逸遗汝，不亦可乎！"

太初元年（前104），汉武帝任命李广利为贰师将军出征大宛，一方面就是顾念李夫人，另一方面希望李广利能获得功绩，且有意扶植李氏集团。或许汉武帝知道李广利能力普通，但是当时大汉已经通过河西、河南、漠北三战，击溃了匈奴军的主要力量，匈奴不足为惧，要比以前好打一些，并且当时汉武帝派人带着金子去大宛求汗血宝马。大宛不但拒绝提供马匹，反而杀死了大汉使者。汉武帝正是基于这样的原因，命令李广利去攻打大宛。这相当于是给了李广利一个合理又好执行的升职机会，谁知道李广利不仅没有拿下大宛，反而带去的士兵只剩下十之一二。不过汉武帝并没有惩罚李广利，反而又发动了10多万大军，才逼得大宛签订了盟约，李广利因为此事被封为海西侯。如果李广知道这件事，恐怕会活活气晕过去吧。当然汉武帝对李广利这么好，并不全是看在李夫人的面子上，更多的是为了让李氏集团来填补卫氏集团的政治空缺。

还有一件事表明了汉武帝对卫氏集团的打压。太初二年（前103）汉武帝任命公孙贺为丞相，公孙贺是卫子夫的姐夫，他和卫君孺成婚后生下一个儿子叫公孙敬声。公孙贺深得汉武帝赏识，30年来，多次征伐匈奴。然而丞相虽然是百官之首，但是自汉武帝以来，丞相的权力逐步下降，而且公孙贺之前的丞相，大多都没有什么好下场，武帝这样做反而带有明升暗降的意思。所以最开始公孙贺不敢担任丞相，不接受官印，跪在地上涕泪交加陈词一番，汉武帝感动得热泪盈眶然后扶起他，最后公孙贺不得不当上了丞相。汉武帝让他的儿子公孙敬声补上了太仆的位置。公孙一族的势力看起来达到了巅峰，实际上

第十二章 卫青和外戚

李氏集团的势力越来越大,而且公孙家族连带卫氏集团因此引来了后来的祸端。就是接下来要讲的就是巫蛊之祸。

在恭维中长大的公孙敬声从不收敛自己的性子,常常借由家族的权势任性妄为,在太仆的位子上肆意了近10年的光景,终于在征和元年(前92),因擅自挪用北军军饷而锒铛入狱。当时阳陵大盗朱世安祸乱京城,汉武帝头疼不已,公孙贺想要借着这个机会免去儿子的死罪,谁知朱世安被抓到后,诬陷公孙贺父子用巫术诅咒汉武帝。汉武帝晚年深信鬼神之事,勃然大怒,公孙贺父子、阳石公主、诸邑公主、卫青的儿子卫伉都被处死。而这也只是刚刚开始。

这件事情一出来,汉武帝就命令江充去调查。江充之前是赵王刘彭祖的座上宾,因为他的妹妹精通音律和舞蹈,嫁给了赵太子刘丹。后来刘丹疑心他把自己的秘密透露给赵王,两人的关系由此恶化。因为江充所知甚多,刘丹派人去抓他想要灭口,江充为了躲避赵太子刘丹的追杀,逃到长安城,向汉武帝告发了太子丹的恶行,借汉武帝之手杀了太子丹,侥幸活了下来。为了平息汉武帝的怒火,江充被派往匈奴。回来后他被任命为直指绣衣使者,负责监督京中的达官贵人,当时许多贵戚大臣骄奢淫逸,江充一一检举,并要求没收他们的车辆和马匹,把他们送到北边的军营，以备与匈奴作战。汉武帝认为江充忠直，奉法不阿，所说的话也很对他的胃口，十分信任他。在这段时间里，江充和刘据起了矛盾，江充担心刘据继位后会对他下手，正好这个时候公孙贺父子等人都死在了巫蛊之事上，江充就有了对付刘据的机会。

江充暗中指使胡人巫师在京城四处挖掘、寻找埋藏在地底的人偶，并把夜间祷祝和声称能看到鬼魂的人都抓起来，又派人往几个地方泼血，伪造祷祝现场，逮捕可疑的人，严刑拷打，迫使他们承认自己的罪行。这就造成了人们相互指责，各级官员动辄以大逆不道之罪定罪，数万人因此受到牵连。

此时，汉武帝上了年纪，怀疑身边的人对自己使用了巫蛊。究竟有没有谁也不知道，所以谁也不敢为受冤的人辩解。江充猜透了汉武帝的心思，便诬陷宫中有邪物作祟，就在汉武帝不太宠幸的后宫嫔妃身上入手，然后又把卫皇后也卷了进去。

同时江充还让一名胡巫在皇宫中挖地三尺，谎称在太子宫殿里发现了大量的巫蛊木人，并且在绢布上写满了大逆不道的话语，应该立即上报给汉武帝。此时，太子刘据被吓破了胆，无法表明清白，伪造了一道旨意，将江充等人抓了起来，要亲眼看着他们被斩首，还大骂道："你这个赵国的奴才，陷害赵王

第十二章　卫青和外戚

父子还不够？还要害我们父子！"还把那些胡巫也在上林苑中都给烧死了。刘据知道自己犯了大错，于是矫诏发动兵马自卫。

一时之间，城中大乱，汉武帝派来的使者，因为贪生怕死，不敢入长安城向武帝禀报太子有造反之心。正在甘泉宫养病的汉武帝听到这件事情，气得七窍生烟，立刻让丞相刘屈氂（máo）去平定叛乱。这时，刘据误认为武帝重病，江充等人欲趁乱篡位，便起兵讨伐，但朝野上下都说太子造反，谁也不敢助他；双方在长安城中混战五日，死了数万人，血流成河。刘据被逼得走投无路，兵败逃出城外，八月，刘据行迹败露，自尽而死，太子良娣及二子一门皆被杀戮，只有一个襁褓中的皇孙，也就是后来的汉宣帝，被廷尉监丙吉隐藏下来。曾经风光无限的卫皇后已在同年的七月自杀身亡。

如此，太子之位就空出来了。第二年，李广利率兵攻打匈奴，刘屈氂去送行，李广利对他说："希望丞相早日奏请把昌邑王立为储君。若能登基为皇，你还有什么忧愁的？"昌邑王指的是刘髆，李广利的想法可以说是昭然若揭了。然而谁也没有想到的是，不久刘屈氂被指控与李广利一同祷祠，企图立昌邑王为皇帝。这两人也如同死去的刘据一样，被人指控用巫术，最后刘屈氂被腰斩，李广利正在战场上听闻此事，向匈奴投降。

181

这个想要被复制起来的李氏集团彻底地瓦解了。而至于究竟是怎么回事,在目前已知的历史资料上来看并没有解释,这成为一个谜团。仅仅过了一年多的时间,刘髆就死了,没有人知道他是怎么死的,有人推测应该是刘屈氂和李广利被人指控行巫蛊之后,他因恐惧而病倒,最后死了。

巫蛊之祸这场惊天大案,最终落下帷幕,但其中的谜团却是越来越多。然而,再看卫子夫那充满传奇色彩的一生,就好像一根绳子,将汉武帝、卫青、霍去病和刘据四个大汉朝最有分量的男人绑到了一起,没有她就不会有卫青和霍去病。那么卫家就这样消失在历史的长河里了吗?还有英年早逝的霍去病,就这样逝去了吗?并不是的,外戚的影响力还没有结束,可以说是霍去病的影响还没有结束,而霍去病不是早已去世了吗?为什么还有影响呢?

不久,江充所做的罪行败露,汉武帝悔恨交加,当即下旨,将江充三族夷平。不过,不管汉武帝如何惩罚江充和他的家人,都已经上演了一场腥风血雨,死去的亲人已经不可能复生,尤其是刘据的死,更是让汉武帝痛不欲生。大汉无储,储君之位,立时成了各大政治势力争夺的对象,所以就有了前文李广利和刘屈氂被指控行巫术的事发生了。

第十二章 卫青和外戚

这个时候汉武帝的立场很坚定，不会再立太子。除了怕再出纷争外，还以为他想等自己的小儿子刘弗陵尽快成长起来。汉武帝拖着虚弱的身体，苦苦等待了三年，自知时日无多，只能安排后事。纵观文武百官，只有霍光一人可以为国效力，后元二年（前87）汉武帝驾崩，临终之际，任命霍光为大司马大将军，封博陆侯。霍光就是霍去病同父异母的弟弟，他现在成功接替了霍去病，位高权重。汉武帝又任命了金日䃅、上官桀、桑弘羊三人共同扶持8岁的刘弗陵登上皇位，这就是汉昭帝。汉昭帝不过才8岁，所有的政事其实都是由霍光处理。但是另外一名辅佐的大臣上官桀因为政见与霍光不和，元凤元年（前80），上官桀联合燕王刘旦还有其他人，密谋诛杀霍光，废了昭帝，立燕王刘旦为新的皇帝。但是计谋败露，霍光将这些人诛杀并将其满门抄斩，燕王刘旦也被逼得自尽。到此，汉武帝任命的四大重臣只剩下霍光一人，霍光大权在握，声威赫赫。没多久年仅21岁的汉昭帝在元平元年（前74）驾崩，没有留下任何子嗣。大汉王朝再次面临掌舵之人的选择。

大臣们都认为只有广陵王刘胥才是下一任皇帝的人选。原因很简单，汉武帝有六子，只有刘胥还在世。霍光却不同意，在他看来，广陵王刘胥出了名的恣意妄为，无法无天，汉武帝早就不允许他成为下一任皇帝，若让他登基，岂不是让先皇蒙羞？霍光提出让昌邑王刘贺继位。大臣们不敢有异议。最后由上官皇太后发出诏令将昌邑王刘贺接入宫中，继承皇位。这位上官太后是霍光的外孙女，不过15岁，所以这道旨意，与其说是太后下的，不如说是霍光下的。刘贺把昌邑王府的人都搬到了朝堂上，霍光和其他朝中大臣都被晾在了一边，这自然引起了霍光的不满。

于是霍光召集各位大臣在未央宫商讨，他说："昌邑王昏聩，恐怕会危害江山社稷，怎么办？"大臣们都是一脸的震惊，不敢说话，只能唯命是从。所以霍光又请上官太后下了一道旨意，废除了刘贺，让刘贺继续留在自己的封地当昌邑王，而刘贺之前带过来的那些人被霍光以没有好好辅助帝王为名，全部被处死。刘贺被赶走了，又要开始选新皇帝了。这次和之前一样，众臣无不唯霍光马首是瞻，看他选谁当皇帝。这一次，霍光推出了一个出乎意料的人选，即前太子刘据的孙子，汉武帝的曾孙刘询。大臣们自然没有异议，上官皇太后再次下诏令迎立刘询入宫。

汉宣帝刘询在本始元年（前73）继位，这时他也只有18岁。霍光自汉武帝驾崩后，独掌朝政，已有16年之久，如今新皇登基，霍光假意将大权交还于汉宣帝。汉宣帝刚入宫，什么都不懂，而且霍光权势滔天，自然不能接霍光给的权力，所以汉宣帝谦让不肯接受，依然将所有政事先交给霍光，然后自己再处理。霍光每次上朝汉宣帝对他都不敢有丝毫的怠慢。汉宣帝登基后，在霍光的陪同下去拜谒高祖庙，霍光在身旁，宣帝对他很是忌惮，心中忐忑不安。

而刘询登基称帝后，对霍光的封赏也十分的厚重。《汉书·霍光传》上说："以河北、东武阳益封光万七千户。与故所食凡二万户。赏赐前后黄金七千斤，钱六千万，杂缯三万匹，奴婢百七十人，马二千匹，甲第一区。"

自汉昭帝开始，霍家的势力就逐渐渗透到了朝中各个关键环节，他的儿子和他哥哥的孙子皆官居中郎将，他的弟弟和两个女婿还有他兄弟辈的女婿、外孙都在各个官署担任重要职位，掌控了整个朝堂。这恐怕是霍去病没有想到的，甚至可能汉武帝都没有想到，皇位也是兜兜转转又回到了卫子夫所生孩子的后代身上。汉武帝对外戚千防万防，却没有想到最终却被霍家掌控了朝政。霍光是从汉武帝后元二年（前87）开始掌权的，在之前他还辅佐汉武帝很多年，霍光执掌朝政20年，经历了4个王朝，直到他在汉宣帝地节二年（前68）去世。一手策划了三位皇帝的三立一废，这在历史上都是极为少见的。

不过，人总是贪婪的。霍光的夫人霍显还不满足，她非要把自己的小女儿送入宫中为后。那时候，汉宣帝已经娶了许平君，并且立为皇后，他们还生下了一个聪慧的儿子，也就是后来的汉元帝刘奭。霍显怎么可能眼睁睁地看着后位被抢走？许皇后又有了身孕，在临产的时候，她忽然病倒了。霍显乘机指使御医将许皇后毒死，让她的小女儿上位，霍显如愿以偿了。又过了一年，汉宣帝立许皇后的儿子刘奭为太子，霍显一听，气得连饭都吃不下，甚至还吐血了，骂道："一个平民生的孩子，凭什么当上了储君？那岂不是说，皇后生下的只能做王？太不像话了！"所以，她又唆使霍皇后给太子刘奭下毒，但因为太子身边的人防备森严，没能成功。但是纸包不住火，霍显让太医给许皇后下毒的事情逐渐被人知道了。霍光并没有直接参加毒死许皇后这件事，但他在得知之后，因为夫妻之情，一直没有将这件事情说出来，后来在追究这件事的时候，他甚至动用了自己的权力，将这件事隐瞒了下来，阻止调查。这件事成为了霍家覆灭的导火索。

地节二年（前68）霍光因病去世，以皇帝葬礼的规格安葬在茂陵。太后参加葬礼，还赏了霍家大批金银珍宝。霍光下葬

第十二章 卫青和外戚

之后,汉宣帝又任命霍禹为右将军兼大司马,并下诏表扬霍光之功如萧相国,这样的荣誉在历史上是很少见的。但在地节四年(前66),霍显毒杀许皇后,被判有罪。霍家眼见大势已去,所以冒险发动叛乱,最终失败。霍氏满门抄斩,只有女婿金赏因为没有参与叛乱,主动将妻子交了出来,所以保住了性命。至于那个被送上后位的霍家小女儿,也因为谋害太子的罪名被废掉,12年后,郁郁寡欢,自尽而死。因为霍家的缘故,被牵连处死的人足有上千。

霍光原本只是一个普通百姓,却因为同父异母的哥哥霍去病的关系,被带到了宫中,从此踏上了仕途,一路高升,从大司马,大将军,再到博陆侯,可谓是位高权重。尤其是汉武帝驾崩之后,他以一己之力,执掌朝政20余年,开创了"昭宣中兴",功绩卓著。这是霍去病不曾想到的,他将弟弟带到宫中,恐怕没有想到会有这样的一天。霍氏也在霍光的带领下,势力越来越大,最终成为盘根错节的霍氏集团。但是就这样一家独大的霍氏集团在霍光死后不到3年,就遭遇了灭顶之灾。霍氏为什么会突然崛起,又突然没落?首先霍光把持大权已久,不知道避让,广立党羽,使君王不满,官吏埋怨。霍光嘴上说着律法,但是奉行的是"顺我者昌,逆我者死"的原则,无所畏惧。讨他欢心的人自然可以平步青云，如果触怒了霍光，不管你是谁，都会被打入大牢。其次他不但自己行不义之事，，还纵容亲族党羽胡作非为，甚至支持怂恿他们，这就是自取灭亡了，这也是霍家迅速覆灭的直接原因。他自己的恶妻子给许皇后下毒，为非作歹；霍家子弟横行霸道，作威作福。这些还不算，从霍家的那些奴仆耀武扬威、嚣张跋扈也可以看出霍家的做派。御史大夫魏相的下人与霍家家奴发生争吵，霍家的家奴居然跑到御史家里要个交代，最后是魏相给霍家的家奴磕头道歉，他这才离开。就连监察百官的御史大人，都拿霍家的下人没办法，可见霍家的嚣张！最后霍光愚昧无知，不知君子之道。霍光自幼跟随其父霍仲孺在河东平阳长大，少年时便被霍去病带入宫中，又在汉武帝身旁30年，极少涉猎诗书。汉武帝驾崩之后，他忙于政务，沉迷于争权夺利，眼界受到了极大的限制。正如班固在《汉书》中所说的那样："光不学亡术，暗于大理；阴妻邪谋，立女为后，湛溺盈溢之欲，以增颠覆之祸，死才三年宗族诛夷，哀哉！"

汉武帝终其一生，都在努力阻止外戚涉政，汉初的外戚政治特点是以吕后和窦后为代表的女主执政，在汉武帝的时候发生了变化。卫氏和李氏的崛起，都是因为汉武帝对外戚采取的

第十二章 卫青和外戚

制衡策略，这两个家族的兴衰，就是汉武帝为了防止外戚势力的膨胀而产生的。后来，在幼子继位的特殊情况下，汉武帝担心女主治政处死了钩弋夫人，不得不起用外戚霍去病辅政，这就形成了一种新的外戚辅政方式，以大将军、大司马等职位辅佐年幼的皇帝，这套制度一直延续到汉朝灭亡。

汉武帝到了晚年，又恢复了外戚辅政的传统，让霍光有了夺权的机会。这也是有一定原因的。

从现实角度来说，汉武帝让霍光辅政实在是没有办法的办法。当时汉武帝生了6个儿子，他很早就立了卫皇后的儿子刘据为储君，刘据从年龄上来说是最合适的，不过死于"巫蛊之祸"。汉武帝驾崩之前，齐王刘闳和昌邑王刘髆都已经死了。巫蛊之祸发生后，燕王刘旦自认为肯定会立自己为太子，所以上书请求入宫宿卫，引起了汉武帝的反感。广陵王刘胥桀骜不驯，屡屡犯错，汉武帝也不会考虑他的。那就剩下最小的儿子刘弗陵了。刘弗陵五六岁时，博学多才，汉武帝觉得他很像自己，很是喜欢，想要立他为太子。但其实汉武帝到了晚年，除了刘弗陵之外，也没有第二个选择。而且，当时国情也很糟糕，因为汉武帝早期南征北战，又命司马相如与西南夷建立联系，在各地建立郡县，劳民伤财，造成了国家财政严重不足，百姓怨声载道，各地叛乱不断。汉武帝晚年为了改变这个情况，颁布了《轮台诏》，与民休息，力图挽救汉朝的国运。

汉代从继承制度这方面来说，理论上是沿袭了西周的嫡长子继承制。而皇位之争，大多是在皇子们之中进行，因为皇子与母族的血缘关系，母族外戚自然就成了皇位之争的中坚力量，一旦自己所拥立的皇子继承皇位，自己自然会受到重视，而皇子也会给支持自己的外戚奖励。比如最开始的刘据与卫青的关系，只可惜卫青去世太早。而且汉武帝虽然对官制进行了改革，分化了卫青和霍去病权力，但是并没有对外戚涉政这方面进行约束。汉武帝建立了内朝，分化了外朝决策的权力，比如大司马以及侍中、长侍等官员都在内朝，其中大部分都是由儒家学士和皇帝的亲信担任的。卫青、霍去病都曾担任过这些职位。他们常为皇帝出谋划策，经常跟随皇帝参与政事，成为决策集团的中坚力量。汉武帝虽然特意选择出身低微的人，但也会给功臣或外戚一个高位的虚衔来防止他们掌权，这仅仅是依靠自己的能力来压制外戚的权力。如果皇帝没有能力，外戚就能凭借与皇帝的亲密关系，轻而易举地进入决策中心，掌握权力，比如霍光。另外，汉代施政讲究的是以史为鉴，君臣议事之时，也常以典籍为依据。因此"周公辅政"为汉武帝选择外戚辅政

第十二章 卫青和外戚

提供了一个先例。同时，就像前面所说的，汉武帝更加提防的是女主治国，也很难再信任其他宗室，所以，汉武帝只能选择与他有点亲戚关系的霍光，并且赐他一幅"周公负成王朝诸侯"图，希望他能像周公一样辅佐幼子刘弗陵。

最后，就是当时人们对外戚政治是予以肯定的。前面提到过"自古受命帝王及继体守文之君，非独内德茂也，盖亦有外戚之助"，卫青和霍去病率领大军远征漠北，一举扭转了大汉对匈奴的弱势局面，他们被当成宗室成员也可以理解。而且汉朝还有亲近母族的社会风气，子女也大多用母亲的姓氏，如栗太子、卫太子等。从这一点来看，外戚是建立王朝的强大助力，也是维护皇权传承的重要力量，当时大家并不是很排斥。所以汉武帝任命霍光辅政在当时看来是个很英明的选择。

汉代不可避免地存在着外戚专权的情况，主要就是皇权政治要求皇帝的权力集中在自己身上，排除一切对皇权的威胁，但这样单凭一己之力，是很难做到的。所以皇帝会通过扶植心腹来制衡不同派系。尤其是当时有各种政治势力并存，在皇帝、宗室和功臣之间的权力博弈中，外戚常常是新帝的倚仗。而另一方面，皇帝掌握了最高的权力，这就要求他必须要有良好的素质，比如政治上的勤勉等，甚至要达到更高的水平。但是，皇帝本人的实际情况往往很难达到这种水平，这就给了其他人以可乘之机。汉朝的外戚，就是在面对年幼或者弱小的帝王时，借助与皇上血缘关系的天然优势，夺取权力。不过到了后来，科举选拔制度日趋完善，官僚政治分权制体系也越来越成熟，虽然后期仍有太后亲政，但多是在"主少国疑"的尴尬局面下，外戚势力逐渐淡出权力中心。

从卫子夫踏入皇宫的那一天起，她就知道自己的性命不在自己的掌握之中，可是她万万没有想到，自己的亲人得到汉武帝的赏识之后，竟然会成为汉武帝的助力，为大汉立下汗马功劳，还对汉武帝的治国大计起了很大的作用。卫氏正是在汉武帝迫切地想要除掉窦氏外戚，组建自己的班底的时候出现，于是，汉武帝将卫氏的子弟纳入朝堂，再加上霍去病的横空出世，汉武帝在军事和政治上都取得了突破性的功绩，而卫氏也达到了权势的巅峰。但是正所谓伴君如伴虎，卫子夫年纪大了，汉武帝对她的宠信越来越少，刘据身为太子，更是被人陷害，最终卫氏覆灭了。

导致卫氏覆灭的最直接事件就是巫蛊之祸，这是一场在"巫蛊"的影响下，由外戚、宦官和宗室诸族参与的争夺皇权的斗争。虽然汉武帝在朝中实行了一系列的预防措施，朝中并没有像吕氏、窦氏那样强大的外戚势力出现。

中国古代的皇权更迭是"家天下"的君主世袭制，也就是说，凡是和帝王有血脉联系的人，都可以继承皇位。而从汉初起，皇室就有更换太子的传统，汉文帝又是朝中大臣推举而登基的，所以宗室难免会有这种"碰运气，说不定我也能成为皇帝"的心理。汉昭帝登基之后，燕王刘旦谋反，就是因为宗室有这样的想法。但是最终没有造成太大的乱子，反而，汉武帝晚年的"托孤"安排，不仅背离了防止外戚专权的本意，而且改变了外戚参与政治的形式，对汉代的政局造成了深远的影响。

"巫蛊之祸"造成了极其严重和深刻的后果。因为太子刘据的死亡，最终是年幼的昭帝继位，霍光这个"权臣"才在政治舞台上冒出来，才会出现后来的王莽篡权，导致皇权衰落，对国家的总体发展造成了很大的冲击。王朝内部的斗争历来有之，且各有其特定的历史渊源，但其根本原因都是封建王权的至高地位及由此而来的人对权力的渴求。

第十三章 卫青和他的部下

卫青 逆风翻盘的骠骑将军

如果说卫青是历史长河中一颗耀眼的星星，那么他的光辉并非独立存在，而是在与周围无数星辰的交相辉映下，共同构成了一幅壮丽的星图。正如《史记》所记载的那样，这些部下们的功绩和名字也一同被镌刻在了历史的长河中。我们不能忽视这些与他并肩作战的将领们，他们在抗击匈奴的战争中，同样发挥了不可或缺的作用。

卫青与匈奴征战七次，跟随卫青出征的有霍去病、苏建、李广、张骞、公孙敖、赵信等。除了霍去病，其他的将士在战争中都出过致命的错误，甚至包括飞将军李广。

其中李广、霍去病前面已经详细地说明。

这里首先要说的就是卫青的救命恩人公孙敖，他是义渠（今甘肃省庆阳市宁县）人，最初是以骑郎身份侍奉汉武帝。一共4次以将军的身份出征匈奴，1次被封侯。

元光五年（前130），(《汉书·武帝纪》作元光六年即前

第十三章 卫青和他的部下

129年）匈奴侵犯上谷郡，烧杀抢掠，汉武帝任命公孙敖担任骑将军，率1万铁骑向匈奴发起进攻。公孙敖从代郡出兵，在与匈奴交战中，损失7000名骑兵，本来是要被处死的，后来交了一笔赎金，免罪为民。

元朔五年（前124），公孙敖随大将军卫青征讨匈奴，有功，受封合骑侯。

元朔六年（前123），公孙敖为中将军，随大将军卫青2次出定襄征讨匈奴，但都没有立功。

元狩二年（前121），公孙敖再次被任命为将军，跟随骠骑将军霍去病从北地郡（今甘肃省庆阳市环县东南）出发，攻打匈奴。公孙敖在大漠中迷失方向，耽误了和霍去病会合的时间，被判了死罪，这次他依然是缴纳赎金免去死罪，被贬为平民。

元狩四年（前119），公孙敖又升为校尉，随大将军卫青伐匈奴，但是没有立功。

太初元年（前104），公孙敖担任因杆将军，负责在边境修建受降城。

天汉四年（前97），这个时候卫青已经死了，这次是公孙敖独自上战场了。他担任因杆将军，率领骑兵1万、步兵3万人，配合贰师将军李广利出雁门关，直捣匈奴。公孙敖在与匈奴左贤王的一战中吃了败仗,死伤惨重,这才撤退。而李广利那边也没有胜利。公孙敖回到朝廷后,因为折损了太多的士兵,被判了死刑。没有卫青在,公孙敖这一次没有乖乖听话缴纳赎金,而是诈死,隐姓埋名,几年来一直隐居在民间。后来被人发现,将他抓了起来。如此看来,其实公孙敖确实是不适合带兵打仗,若是做个文官或许也不会到这个地步,但是他最终还是被卷进巫蛊之祸了。

太始元年(前96)正月,公孙敖因为妻子参与巫蛊事件,被牵连腰斩而死,满门抄斩。

第二个对于卫青很重要的人就是公孙贺。公孙贺,字子叔,他是卫青的姐夫。他和公孙敖一样也是义渠人。他是汉武帝当太子时的舍人,元光二年(前133)以轻车将军镇守马邑(今山西省朔州市),元光四年(前131)出兵云中(位于今天内蒙古自治区呼和浩特市附近),元光五年(前130)与大将军卫青共抗匈奴,立下战功,受封南窌侯。后来又以左将军的身份从定襄出兵,但是没有立功。4年后,因为犯了酎金成色不好、斤两不足之罪而被夺爵。再过8年,为浮沮将军,出五原2000多里,无功无过。太初二年(前103),代石庆为丞相。公孙贺多次担任将军出兵打仗,但是在征讨匈奴上没有功绩,却依然封侯拜

第十三章 卫青和他的部下

相。这样说他要比公孙贺和李广更幸运些，但是可惜的是，他没有好好管教儿子，成为后期巫蛊之乱的导火索之一，整个家族被灭，无后。

将军李息，北地郡郁郅（今甘肃省庆阳市庆城县）人。李沮，是云中人。都曾经侍奉过景帝。李息曾三次为将军，但是都没有功，后来为大行。大行是古代接待宾客的官员，相当于现在的外交官员，张骞二度出使西域后就被汉武帝封为大行。李沮先为左内史，后为强弩将军。

将军李蔡，是成纪（位于今甘肃省东南部）人，是李广的堂弟。其人勇敢聪明，在军中立下赫赫战功，在从政上政绩卓著，获得世人的好评。他辅佐过汉文帝、汉景帝，还有汉武帝。文帝前元十四年（前166），匈奴军大举入侵萧关（今宁夏回族自治区固原市东南），李广和李蔡均以良家子弟的身份参加了这场战斗，兄弟二人骑射武艺超群，骁勇善战，在战场上大显神威，双双被任为武骑常侍。元朔五年（前124），李蔡以轻车将军的身份跟随卫青出征匈奴，因作战有功，被汉武帝封为乐安侯，从此弃武从政。很快被擢升为御史大夫，位列三公。元狩二年（前121）丞相公孙弘去世，李蔡击匈奴有功，汉武帝封他为第二任丞相。前面也讲过，汉武帝让他当丞相更多的是打压

199

他。但是他担任丞相的4年里，辅佐汉武帝运武徙民、治吏改币、统筹盐铁，还是有些政绩的，可惜最后与堂兄一样自尽而亡。

将军张次公，是河东郡（位于今山西省）人。他的父亲曾是轻车武射，擅射箭，汉景帝很喜欢他。张次公最开始当过强盗，后以校尉的身份跟随卫青出征匈奴，立下战功，被封为岸头侯。后来太后驾崩，他成为将军，统领北方军。第二年，他再次被封为将军跟随卫青出征。元狩元年（前122），张次公因为与淮南王刘安的女儿有奸情，并收其资财，被汉武帝废除了侯爵之位。

将军苏建，京兆杜陵（今陕西省西安市）人，也是以校尉的身份跟随卫青出征匈奴，立下战功，被封为平陵侯。后来苏建主持修建朔方城的工程，并擢任卫尉。元朔五年（前124）与元朔六年（前123），苏建分别以游击将军和右将军的身份，跟随大将军卫青多次进攻匈奴。在一次战斗中，苏建与赵信率领3000多骑兵遇上数万匈奴骑兵，激战一日，终因寡不敌众而全军覆没，苏建独自逃走，依军法当斩，赎为庶人。苏建曾经劝说过卫青养士，他的儿子是后来有名的苏武，也是一个英雄，苏建后出任代郡太守，死于任所。

第十三章　卫青和他的部下

将军赵信，是以前投降过来的匈奴人，被封为翕侯。在与苏建一同征讨匈奴的时候，战败，投降匈奴。

将军曹襄，祖上是平阳懿侯曹参，汉朝开国元勋，且功绩仅次于萧何，位列第二，司马迁专门为平阳曹氏写了《史记·曹相国世家》。曹襄是汉武帝长姐平阳公主与平阳侯曹寿的儿子，父亲曹寿薨后，他继承了平阳侯的爵位，娶了卫子夫的长女卫长公主，生有一子曹宗。曹襄在元狩四年（前119）担任后将军跟随卫青出征，大胜而归。

将军韩说，弓高侯韩颓当的孙子，上大夫韩嫣的弟弟。同样以校尉的身份跟随卫青出征匈奴，因为有功，封为龙额侯，后来因"坐酎金"失侯。元鼎六年（前111），又以待诏的身份被任命为横海将军，征伐东越有功，封为按道侯。太初三年（前102），韩说以游击将军之职，驻军在五原郡以外的列城。征和二年（前91）七月，太子刘据因为巫蛊之祸派遣宾客扮成使者矫诏抓捕江充，韩说疑心有诈，拒绝接受圣旨，于是刘据派来的人将他格杀。

将军郭昌，是云中（今内蒙古自治区）人，也曾经是卫青的校尉，元封四年（前107），以太中大夫的身份被封为拔胡将军，镇守朔方。后来率军进攻昆明，无功而返，官印被收回，罢官。

将军荀彘，太原广武人。因擅长驾车，担任侍中，多次以校尉的职务随大将军卫青征战匈奴。元封二年（前109）升为左将军，征伐朝鲜，他与楼船将军杨仆由水陆两路攻入朝鲜，遭到朝鲜的强烈抵抗。第二年，朝鲜王被他的大臣杀死，汉朝乘机消灭朝鲜。但是荀彘为了争军功，将杨仆关起来，回来后被汉武帝处死。

其实卫青手下还有一人值得说一说。

将军张骞，他的功绩并非因为征讨匈奴，而是开通丝绸之路，他集外交家、旅行家、探险家于一身。他向西域传播中原文明，并将汗血宝马、葡萄、苜蓿、石榴、胡麻等引入中原，推动了中西文化的交融。张骞被誉为"丝绸之路的开拓者""第一个睁开眼睛看世界的中国人""东方的哥伦布"。

张骞（？—前114），字子文，汉中郡城固（今陕西省汉中市城固县）人，故里在陕西省汉中市城固县城南2000米处汉江之滨的博望村。张骞开拓出一条南北贯通西域的"丝绸之路"，汉武帝因功封他为博望侯，他出生的地方也被叫作博望村了。张骞是个勇于开拓、勇于冒险的人，他在汉武帝的指派下，建元二年（前139），率领百余人，命匈奴人甘父作为向导，向西域进发。甘父，俗称胡奴甘父；堂邑氏，故又称堂邑父，素以善射闻名。

张骞在甘父的带领下，一路西行，到了河西走廊。随着月氏人向东迁移，这里已经成为匈奴的天下。就在张骞等人匆忙穿越河西走廊的时候，却遭遇了一群匈奴铁骑，他们都被俘虏了。匈奴右部诸王当即押着张骞和他的随从前往匈奴王廷（今内蒙古自治区呼和浩特市附近），面见军臣单于。

单于听说张骞要到月氏去，问张骞："月氏在吾北，汉何以得往使？吾欲使越，汉肯听我乎？"这句话的意思是，匈奴人是绝对不会让汉朝的使者穿过匈奴人的领地，到月氏去的。就如同汉王朝，不可能允许匈奴使臣穿越汉区，南下越国一般。张骞等人被扣留。为了软化和争取张骞，让他放弃对月氏的访问，单于采取了各种威胁和诱惑的手段，但是都没有成功。张骞没有辜负汉武帝的命令，也没有丢失汉朝的气节。他从来没有忘记汉武帝托付给他的任务，也没有动摇过他通使月氏的决心，因此被迫在匈奴待了10年。

元光六年（前129），匈奴对张骞的监管逐渐放松，他带着随从趁匈奴放松警惕，逃离了匈奴势力范围。然而，他留在匈奴的这段时间，西域的局势已经发生了很大的改变。乌孙是月氏的敌国，在匈奴的支持下，西攻月氏，而月氏人只能被迫继续向西迁移，越过伊犁河，来到靠近咸海的妫水一带，征服了大夏，建立了自己的新家园。张骞得知这个消息后，并未前往伊犁河，而是转向西南，来到焉耆，沿着塔里木河向西走，经过库车和疏勒，越过葱岭，抵达大宛（今乌兹别克斯坦费尔干纳盆地）。这一路走来，异常艰难。沙漠中，黄沙飞扬，热浪翻滚；葱岭（帕米尔高原）如屋脊般高耸，到处都是皑皑白雪，寒风凛冽。这一路上，人迹罕至，水资源匮乏。再加上逃亡得匆忙，他们的补给并不充足。张骞等人风餐露宿，吃尽了苦头。当他们的粮食用完后，便依靠善于射箭的甘父打死一些野兽来填饱肚子。不少随从或是渴死在路上，或是死在黄沙中，或是死在雪山上。

张骞来到大宛后，将自己此行的目的和经历告诉了大宛的君王，请求大宛能够派出使者护送他去月氏，并表示出使后回到汉朝，他会禀报汉武帝，给大宛带来丰厚的报酬。大宛王听说过中原的富饶，有心与汉王朝建立外交关系，只是中间有匈奴阻隔，一直没有机会。汉使的突然驾临，令他大为欢喜。张骞的这番话，更是让大宛王动心。因此对张骞的请求欣然应允，盛情招待之后，便命人带着张骞等人前往康居（今乌兹别克斯坦和塔吉克斯坦境内），康居王又派人护送他们到月氏。

但是，现在月氏人却因土地肥沃，物产丰富，远离匈奴和乌孙，不再受外敌的侵扰，态度发生了变化，他们并不打算向匈奴报仇，自然也就不能和大汉联手了，而且，他们认为汉朝与月氏相隔甚远，若是联手攻打匈奴，怕自己有危险的话，大汉很难支援。张骞等人在月氏停留一年多，仍不能使月氏与汉联手对付匈奴，只能在元朔元年（前128）启程回国。

张骞在返回途中，为了躲避匈奴的势力，他更改了行进的路线。原打算沿塔里木盆地以南、昆仑山以北的南道，由莎车（位于新疆维吾尔自治区西南部）出发，经于阗（今新疆维吾尔自治区和田市一带）和鄯善（今新疆维吾尔自治区巴音郭楞蒙古自治州若羌县），途经青海羌人地区再返回汉地。不料羌部也成了匈奴的附庸，张骞等人再次被俘虏，滞留一年之久。

元朔三年（前126），匈奴发生内乱，张骞乘此机会，带着甘父逃往长安。出发时一共有百余人，回来时只有张骞与甘父两人。其间经历了13个春秋，即汉武帝建元二年（前139）出发，至元朔三年（前126）归汉。

张骞此次西行，虽然没有实现与大月氏结盟夹攻匈奴的目的，但其实际效果以及所发挥的历史意义却是十分显著的。自此以后，不但西域与内地的关系日益密切，中国与中亚、西亚、南欧之间，也有了更多的交流，这就是所谓的"凿空"，意为"开通大道"。

张骞首次出使西域，既是一次艰难的外交之旅，又是一次富有成效的科学考察。张骞在广袤的西域作了大量的实地调查，他不仅亲自到西域诸国，又到大宛、康居，再到大月氏，并在此基础上，对乌孙（位于巴尔喀什湖东南、伊犁河流域）、奄蔡（今里海、咸海以北）、安息（即波斯，今伊朗地区）、条支（又称大食，约在今伊拉克一带）、身毒（又名天竺，即印度）等国都有过详细的了解。张骞回到长安，向汉武帝详细汇报了此行的所见所闻，将途经诸国的地理位置、特产、人口、城市、兵力等，都一一作了说明。这个说明的主要内容被司马迁收录进《史记·大宛列传》。这是当时在中国乃至世界范围内，对这些地区最详细、最可靠的记录，也是对这些地区及国家古地理与历史研究最为宝贵的材料。

对于张骞这次出使西域的结果，汉武帝很是满意，为了表彰他们的贡献，张骞被封为太中大夫，甘父也被封奉使君。

张骞在长安没有待多长时间，到了元狩四年（前119），在丧失了河西走廊之后，匈奴退守西北，依托西域各国的人力物力来抵抗西汉。汉武帝又任命张骞为中郎将，率领300余人，携金银细软等数不清的财物，牛羊数万头，进行第二次西域之旅。这一次出使西域有两个目的：一是使乌孙东归故地，乌孙东归后可以断了匈奴的右臂；第二个目的是宣扬国威，说服西域各国与汉朝联盟，成为汉朝的外臣。这次比第一次要顺利一点儿，但是结果不是那么理想。因为张骞抵达乌孙的时候，正赶上其内部发生冲突，劝服乌孙东归的目标未能实现。但是，张骞的副使先后出使大宛、康居、大月氏、大夏等国，在一定程度上扩展了汉朝的势力范围，增进了彼此之间的了解。这一次张骞等人回来得很快，4年后即元鼎二年（前115）张骞率乌孙使臣数十人返回长安。

这些乌孙使臣回去后向国王报告了汉朝国力的强盛，加强了乌孙王昆莫对汉朝的信赖。乌孙王昆莫又派使者前往长安请求与汉和亲，说要娶公主，与大汉成为兄弟。元封六年（前105），汉武帝将江都王的女儿细君许配给昆莫，还赐了许多衣饰宝物和数百名宦官侍从。细君去世之后，汉朝又将楚王之女解忧公主嫁给乌孙王岑陬。这两次和亲不仅加强了两国的友谊，使之成为抵御匈奴的重要力量，也促进了两国经济文化的交流。

张骞两度出使西域，极大地推动了中西之间的经贸往来与文化交流，产生了"商胡贩客，日款于塞下"的局面。从那以后，汉朝与西域诸国时常互派使臣，最多时有数百使臣，少的时候也有一百多人。然而，地处西域东部的楼兰和姑师（后来称车师）却仍然被匈奴控制，他们在匈奴的煽动下，时常派兵袭击汉使，劫掠商货，成为汉朝去往西域的一大阻碍。为了保证通往西域的道路顺畅，元封三年（前108）汉武帝派赵破奴、王恢率领700轻骑攻入楼兰，其后赵破奴又率数万大军，击溃了姑师，并在酒泉到玉门关之间筑起了亭障，以供粮草补给，另设岗哨。

  为了打破匈奴对大宛的控制，夺取大宛汗血战马，汉武帝又在太初元年（前104）、太初三年（前102），派贰师将军李广利两次西征大宛，逼得大宛献上好马数十匹，中马3000余匹。中亚诸国听到汉军攻下大宛的消息，无不为之震惊。各国王公贵族派出自己的子侄，随汉军返回中原，向汉武帝进献贡品，留汉做人质，以向汉武帝表忠心。这样，张骞为扩大汉廷对中亚的影响，通过外交与贸易的方式，实现了其战略的成功。其后，汉朝廷驻扎于楼兰、渠犁（今新疆维吾尔自治区轮台县东南、尉犁县西北）和轮台（今新疆维吾尔自治区巴音郭楞蒙古自治州西部），又设校尉，它是汉于西域建立的第一个军事行政机构，也是后来建立西域都护的基础。

汉武帝与张骞为中国在西域的贸易、建设与统一上取得了巨大的胜利，在中西历史上都有着深刻的影响。元封六年（前105），汉武帝派遣汉史循着张骞的足迹，到达今天的伊朗，觐见了安息国国王，又献上了精美的丝绸，安息国国王大喜，回赠了汉武帝鸵鸟蛋和一个魔术表演团。这使汉民族同西域诸国建立了友好关系，使西域与内地相通，大汉的铸造业、开渠和凿井术以及丝织品和铁器等都被带到西域，促进了西域社会的发展。同时，天马、汗血宝马等优良品种被引进大汉，葡萄、胡桃、苜蓿、石榴、胡萝卜与地毯等被介绍到内陆地区，极大地充实了中原人民的物质生活。

张骞不畏艰险，两度出使西域，他的名字不管在东方还是在西方，都会为人们所牢记。

第十四章 青史留名

汉匈大战之后，恰逢平阳公主守寡，要在众多诸侯之中挑选夫婿，很多人都认为大将军卫青才是最好的人选，但平阳公主却笑道："他以前是我的骑奴，怎么能做我的夫婿呢？"平阳公主周围的人劝道："大将军今时不同往日，如今他已经是大将军，姐姐已经是皇后，三个孩子也都被册封为侯爷，权势滔天，没有人能比他更适合您了。"汉武帝听了这件事后，失笑道："当年我和他姐姐结婚，如今他和我姐姐结婚，倒也有趣。"当下就答应了这门婚事。时过境迁，当年的公主骑奴现在成了公主的丈夫，真是让人惊讶，可能卫青也没有想到自己会有这样的境遇吧。

不过卫青到底什么时候娶的平阳公主，史书上并没有记录明确的时间。因为各个史书记载的时间并不一样，《汉书》记载的是元狩四年（前119）卫青官拜大司马之后，还有的说是在卫青成为大将军的时候娶的平阳公主。不过根据平阳公主的结婚经历来看,很有可能是元鼎年间嫁给了卫青。

《史记·曹相国世家》:子时代侯。时尚平阳公主,生子襄。时病疠,归国。立二十三年卒,谥夷侯。子襄代侯。

《史记》中并没有写平阳公主是什么时候嫁给曹寿的,但是曹寿死于汉武帝元光四年(前131),平阳公主守寡。之后平阳公主又改嫁汝阴侯夏侯颇,但是两人感情不好。

《史记·樊郦滕灌列传》:子侯颇尚平阳公主。立十九岁,元鼎二年,坐与父御婢奸罪,自杀,国除。

《汉书·高惠高后文功臣表》:元光三年,侯颇嗣,十八年,元鼎二年,坐尚公主与父御奸,自杀。

这里说的就是汝阴侯夏侯颇,他在元光二年(前133)嗣侯,之后又与守寡的平阳公主结为夫妇。也就是平阳公主在守寡两年之后再婚,这也说得过去。只是没想到在元鼎二年(前115),夏侯颇因与自己父亲的妾室通奸而自尽。平阳公主第三次结婚就是嫁给卫青，所以两人成婚应该是元鼎年间，这个时候霍去病已经去世，所以卫青娶平阳公主，应该就是顺势而为。不过，他们的婚事并没有持续多久，卫青在元封五年（前106）病逝。算起来两人的婚姻没到10年，平阳公主第三次守寡，之后没有再嫁，与卫青合葬在茂陵之中。

卫青于元封五年（前106）去世，享年50岁左右。为了缅怀他，汉武帝命人在茂陵的东北修建陵墓，把他安葬在这里。卫青墓是茂陵陪葬重臣中最大的一座，封土为两层覆斗状，西北角是凹陷的，西南是凸起的，远远看去，就像是一座小山，南边陡峭，北边则是一片平缓的平地，中间部分是平台。卫青墓碑上刻着十四个字"汉大将军大司马长平侯卫公青墓"。现存的这座墓碑是清代时《续资治通鉴》的作者毕沅所建，碑上署名"兵部侍郎陕西巡抚都察院右副都御史毕沅"。

《史记》评价卫青"以外戚贵幸，然颇用材能自进"，此言甚是中肯。卫青从放羊娃再到大将军，这其中虽然和他外戚的身份有关，但是更多的还是因为卫青的才干和功绩。

而且，卫青作为一个将军，能够与士兵同甘共苦，身先士卒，指挥有方，赏罚分明，虽然最终的功绩比不上霍去病，但是确实在汉武帝时期的将领中是可圈可点的，甚至可以说卫青并不比那些历史上的名将差。卫青能有如此大的成就，一方面是因为他的军事才能，另一方面是因为他居功不自傲，淡泊名利。虽然对汉武帝过于卑躬屈膝，但是从另一方面也能看出他行事作风比较圆滑。卫青在第一次出征时，就对匈奴龙城发动了突袭，被汉武帝封为关内侯。这时，卫子夫也被封为皇后。在册封大典上，卫青表现得十分低调。后来汉武帝问他："我有意重用你，又与你结为姻亲，你为何总对我这般疏远？"卫青则回答："我只有背对名利，正面对着强大的敌人，方能有坚强的意志和决心对抗敌人啊！如今因为一些功劳被封为侯，我无时无刻不在想着如何报答，不敢不惜福。众人都道我有如今的成就全仗着姊姊的帮助，我唯有勤加练习，方能指挥大军。"汉武帝说："我重用你，是因为你有统兵的才能。"后来卫青英勇作战，屡建奇功。

卫青做了大将军之后，更是受人尊敬，朝中不少王公大臣见了他都要行下属之礼，以表敬意。但是，卫青却不以身居高位而目空一切，而是更多地表现出礼贤下士的态度。史载："青仁，喜士退让。"

卫青谦卑有礼的性格，他的孩子却没有继承。

卫青的长子宜春侯卫伉，在元鼎元年（前116）因为触犯了法律，被剥夺了侯位。这个时候他也不过才被封侯8年。卫伉大概是在10岁以下受封的，因为在《汉书·霍光传》说霍光"受襁褓之托"，当时汉昭帝只有8岁，所以在古代襁褓的含义大概是10岁以下孩童。而他被夺了侯位具体原因是"矫制不害"。

矫制就是伪造谕旨，谎称皇上的旨意，自行其是。根据矫制矫诏的结果，将其定罪为"矫制大害"判腰斩，"矫制害"判弃市。"矫制不害"一般不会产生任何的消极和严重的结果，有的也有可能是出于善意，这种情况就算是因为矫制有功也不会奖赏。而卫伉也只是被夺了侯爵之位，估计也没有发生什么大事，估计就是汉武帝找的借口夺取他的侯爵之位。

5年之后，卫伉的两个弟弟阴安侯卫不疑和发干侯卫登，也都被剥夺了侯爵之位，原因是呈上的金子分量不足。当然真正的原因是汉武帝想要打压卫氏集团。又过了4年，大将军卫青去世，卫青的长子卫伉继承了他的爵位，成为长平侯。

卫伉在太初三年（前102）受命，与游击将军韩说共同在五原镇守。而他在继承长平侯的第五年或第六年之后，因擅自闯入皇宫，再次被剥夺了侯爵之位，完为城旦。"完为城旦"是什么意思呢？"完"是留着头发胡须的意思，"城旦"是一种惩罚，相当于在边关服役，时间长达5年。也就是说汉武帝罚他不需

第十四章 青史留名

要剃头在边关服役5年。

卫青死后15年，也就是征和二年（前91），卫伉因为巫蛊之事被处死。

而关于卫青的第二个儿子卫不疑，他的记录很少，几乎没有。

倒是有一个关于小儿子卫登的故事，就是有人为了祝贺卫青再得一子，所以送来一匹普氏野马。马匹一直是汉人最缺乏的驯养动物，这也是为什么西汉一直被匈奴骚扰的重要因素。所以卫青收到礼物后很是高兴，给孩子取名为卫骍，字叔马。骍就是黑嘴的黄马。后来可能还是觉得这个名字有些简单，最后卫青给自己的儿子改了名，叫作卫登，字叔升。

有人说，卫家在巫蛊之祸中被灭门，因为《汉书·外戚传》中有一句"卫氏悉灭"，但其实这是错误的理解。在巫蛊之祸中只有卫青的长子卫伉被处死，没有卫伉的儿子、卫青的次子卫不疑以及幼子卫登牵连进来的记录。之所以说卫氏悉灭，是由于卫后、卫太子、诸邑公主、阳石公主、丞相公孙贺、卫伉等在朝中地位较高或稍具分量的卫氏亲属被杀，卫氏在朝中的权势被悉灭，非卫家被杀得干干净净。古代史书用词严谨，全家满门抄斩按汉律叫"族"或"族灭"，但很显然，卫氏并没有被灭族。

所以，卫登一脉在汉宣帝、汉成帝、汉平帝的时候，以皇帝诏复家。今天，在山西临汾仍然有大将军的故里，让后代子孙凭吊。

《谥法解》云："有功安民曰烈（以武立功）；秉德尊业曰烈。"

卫青去世后，谥号为"烈"。为国立下大功，为百姓谋福祉，谓之烈。他要用武来证明自己，秉德尊业，谓之烈。由此可见，卫青之"烈"名副其实。卫青为维护国家的统一和边疆的安宁做出了巨大的贡献，他居功至伟而不居功，虽有爵位，但不拥兵自重；对于名利，他始终抱着一种平静的心态。

那么卫青死后，匈奴又怎么样了呢？或许这才是卫青所担忧的。

汉武帝时期，已经有足够的实力以武力征服匈奴，对匈奴展开了长达40余年的军事征伐，给了匈奴沉重的打击。此外，除了军事斗争，武帝还采用了一些其他的手段笼络和牵制匈奴，这就是羁縻之策。经过长时间的汉匈之战，匈奴本已元气大伤，

第十四章 青史留名

大量人口和牲畜死亡，又失去了祖祖辈辈繁衍生息的沃土，生活艰难。此时，汉王朝以武力征服匈奴，一扫往日的耻辱，重获国家尊严，提升汉朝政治地位，声威远播。周围诸族纷纷与汉朝交好，就连匈奴亦对汉朝示好。

最先开始示好是在五凤元年（前57），这一年匈奴内部出现5个单于为争权而发生内斗，最后只留下呼韩邪部与致支部两个部分庭抗礼。呼韩邪部为增强自己的实力，听从大臣的建议主动向汉朝示好，与他对立的致支部也是毫不示弱，同样向汉朝示好，希望重启和亲互市。汉宣帝甘露元年（前53）双方均向汉朝派出使臣。双方的主动示好，显示了匈奴势力的衰落，从而促成了汉匈之间的和平。想来如果卫青知道的话，一定会很欣慰。

同时，汉宣帝在位时，对匈奴采取了推翻行亡道之国，巩固行存道之邦，用威信来施压的政策。在匈奴发生5单于政权的时候，汉宣帝派使者去吊问，辅助微弱的部落，帮他们渡过难关，极大地改善了双方的关系。呼韩邪单于在甘露二年（前52）来到汉朝觐见，受到了朝廷的高度重视，此时大汉已接纳呼韩邪单于依附。没有答应致支部的和亲请求，却开放互市，发展经济贸易。汉元帝时，由于有了汉朝的援助，呼韩邪部迅速发展，百姓富裕，有自保之力，呼韩邪部在初元元年（前48）经济困难，元帝对他们进行救济，没过多久，致支单于就被杀，呼韩邪部的对手都死光了。竟宁元年（前33）呼韩邪单于向汉室请求和亲，汉元帝应允，将后宫良家子王昭君赐给单于，这就是著名的"昭君出塞"。

汉武帝时期数次大规模的战争，使匈奴元气大伤，内部危机加剧，匈奴被迫依附于汉。到了宣帝时，这一局面又进一步发展，汉朝接纳呼韩邪单于，这是汉武帝以武力降匈奴、羁縻之策的重要成果。汉元帝期间，双方在和平友好的基础之上进行和亲，使汉匈两边的和平关系得到了进一步的发展。

西汉时期对匈奴的政策演变有三个阶段。西汉前期，汉朝在匈奴侵袭面前无能为力，出于安定社会与边境的需要，不得不实行和亲的策略。经过数代君主的励精图治，西汉国力逐渐恢复。到了汉武帝时，国力达到顶峰，开始向匈奴发动反攻，在卫青的七战七捷下，夺取匈奴大片领土，匈奴的发展遭到重创。汉武帝之后，匈奴开始主动向西汉示好，西汉则采取羁縻之策，就是笼络牵制。这一政策有效地维持了一个多民族的统一，对边境地区的民族经济、文化交流和民族融合产生了积极的影响，保持了社会的稳定，使人们生活得更加安宁，这对于推进一个多民族国家的发展也是十分重要的。这些政策的演变与其本身的力量、外部形势密切相关，它是君王治国方略的最直观的体现。而卫青与霍去病就像其中的重要纽带，使这些政策得以发挥重要的功能。

第十五章 《史记》里的卫青

关于卫青和霍去病的记载，最早见于司马迁的《史记》。

《史记》作为一部纪传体通史，从《左传》《国语》《战国策》等先秦叙事散文的叙事方式，转变为以刻画人物为中心反映历史的叙事方式，开创了史传文学的先河。《史记》充满了坚持真理、秉笔直书的"实录"的精神。司马迁秉承了孔子修撰《春秋》的优良传统，能够对史实进行客观的记载，对历史人物进行客观的评判，做到了爱不虚美、恶不毁功，这就是司马迁对历史的贡献。《史记》中的人物众多，在司马迁的笔下，不管是古代的圣人，还是闾巷之人，都会绽放出卓尔不凡的光芒，也会呈现出平凡人的本色。

其中《史记·卫将军骠骑列传》记载了卫青与霍去病征讨匈奴的事迹，字里行间流露出真情实感。司马迁引用汉武帝的诏书，以及人物对比、巧用材料等写作手法对卫青和霍去病事迹进行了刻画，对其历史成就给予了极高的评价，并表达了对

第十五章 《史记》里的卫青

其的欣赏与认可。

关于霍去病的刻画主要是引用了汉武帝的诏书,前面已经详细讲过,汉武帝的奖赏诏书,将霍去病的每一次行军路线、杀敌人数、伤亡情况、战术使用以及效果都写得清清楚楚,而不是单纯地用文字直接描述,这样写出来的话,就更真实完整,就更可信了,也显示了司马迁对他的功绩的肯定。

并且全文还用了人物对比,霍去病与卫青之间的同类对比,两人出身对比,地位和战绩的对比,两人的形象更加鲜明。还有卫青与其他的同时期武将的对比,比如李广、苏建等人。这其中霍去病的战绩是最突出的,卫青则是最先取得征讨匈奴胜利的人,李广是最让人唏嘘的。对比手法的运用,使整篇文章条理分明,立意清晰,同时司马迁精挑细选,运用细节描写和语言描写,将卫青和霍去病的积极形象进一步刻画出来,充分肯定了卫青和霍去病打胜仗的历史地位。

以外戚的身份享受特权,是中国特有的一种历史现象。而在这种情况下,以德行著称的亲戚,却是少之又少,所以,一直以来,都有很多人对他们进行非议。卫青因李广之死及外戚身份屡遭非议,而司马迁写下《李将军列传》时,更是情真意切,令人误以为司马迁并不喜欢卫青,但那是大错特错。如果你仔细阅读《史记》，就会知道司马迁对于卫青并不厌恶，相反，他对卫青的评价很高。司马迁着重叙述了卫青在与匈奴作战时的杰出表现以及他在抗击匈奴战争中立下的赫赫战功，把卫青这一人物刻画得栩栩如生。

司马迁把卫青塑造成一个胸怀宽广，宽厚仁慈，爱兵如子，身先士卒的杰出将领。从这一点上，我们也可以理解卫青为何能在抵御匈奴侵扰的过程中战无不胜，战绩辉煌。司马迁用3000多字写《李广列传》，但《卫将军骠骑列传》却用了7000多字，李广单独立传，卫青与霍去病合传。为何差距如此之大？因为司马迁对于卫青的功绩，可谓是不遗余力地摹写。

司马迁对卫青的特殊对待，并不是因为他是外戚，而是以爱不虚美、恶不毁功的实录原则，详细地记录卫青的经历，没有抑卫扬李。司马迁或许对外戚势力的"专横跋扈"心存芥蒂，但是他仍然能够实事求是地为我们刻画出卫青这一人物，这正是司马迁"铁面无私"的表现。也许司马迁认为，评价一个人，不要看他的出身，而要看他的作为和能力，实事求是地记录，这样才能最大限度地实现他的人生价值。司马迁在记录历史时，总是从一个公平的历史学家的角度出发，客观地描述历史事件和历史人物，不管历史人物身份是什么，他都会把他们的言行

第十五章 《史记》里的卫青

和性格如实地记录在史书上。司马迁既没有任意丑化他人,也没有任意美化他人,《汉书·司马迁传》中高度评价《史记》"善叙(序)事理,辨而不华,质而不俚,其文直,其事核,不虚美,不隐恶,故谓之实录"。这些是《史记》能在数千年的历史长河中保持其价值不衰的重要原因。

他们的功绩被永远镌刻在了历史的丰碑上,因为《史记》的记载,更为世人所景仰。《史记》蕴含了极为丰富的内容,在沙漠边陲,扬沙傲骨,被几代文人吟唱;矗立在陵园前的石刻,将爱国主义的伟大情怀表现得淋漓尽致。这些被封印在史书中的丰功伟绩,都为后世文人所传颂。

文中虽然有部分《卫将军骠骑列传》节选,但都是着重体现卫青两人的功绩,为了让大家更加清晰地了解卫青,现将全篇附上,以供读者阅读,对其研究仍有许多有待发掘之处,与君共赏。

大将军卫青者,平阳人也。其父郑季,为吏,给事平阳侯家,与侯妾卫媪通,生青。青同母兄卫长子,而姊卫子夫自平阳公主家得幸天子,故冒姓为卫氏。字仲卿。长子更字长君。长君母号为卫媪。媪长女卫孺，次女少儿，次女即子夫。后子夫男弟步、广皆冒卫氏。

青为侯家人，少时归其父，其父使牧羊。先母之子皆奴畜之，不以为兄弟数。青尝从入至甘泉居室，有一钳徒相青曰："贵人也，官至封侯。"青笑曰："人奴之生，得毋笞骂即足矣，安得封侯事乎！"

青壮，为侯家骑，从平阳主。建元二年春，青姊子夫得入宫幸上。皇后，堂邑大长公主女也，无子，妒。大长公主闻卫子夫幸，有身，妒之，乃使人捕青。青时给事建章，未知名。大长公主执囚青，欲杀之。其友骑郎公孙敖与壮士往篡取之，以故得不死。上闻，乃召青为建章监，侍中，及同母昆弟贵，赏赐数日间累千金。孺为太仆公孙贺妻。少儿故与陈掌通，上召贵掌。公孙敖由此益贵。子夫为夫人。青为大中大夫。

元光五年，青为车骑将军，击匈奴，出上谷；太仆公孙贺为轻车将军，出云中；大中大夫公孙敖为骑将军，出代郡；卫尉李广为骁骑将军，出雁门：军各万骑。青至茏城，斩首虏数百。骑将军敖亡七千骑；卫尉李广为虏所得，得脱归：皆当斩，赎为庶人。贺

第十五章 《史记》里的卫青

亦无功。

元朔元年春,卫夫人有男,立为皇后。其秋,青为车骑将军,出雁门,三万骑击匈奴,斩首虏数千人。明年,匈奴入杀辽西太守,虏略渔阳二千余人,败韩将军军。汉令将军李息击之,出代;令车骑将军青出云中以西至高阙。遂略河南地,至于陇西,捕首虏数千,畜数十万,走白羊、楼烦王。遂以河南地为朔方郡。以三千八百户封青为长平侯。青校尉苏建有功,以千一百户封建为平陵侯。使建筑朔方城。青校尉张次公有功,封为岸头侯。天子曰:"匈奴逆天理,乱人伦,暴长虐老,以盗窃为务,行诈诸蛮夷,造谋藉(籍)兵,数为边害,故兴师遣将,以征厥罪。诗不云乎,'薄伐狎狁,至于太原','出车彭彭,城彼朔方'。今车骑将军青度西河至高阙,获首虏二千三百级,车辎畜产毕收为卤,已封为列侯,遂西定河南地,按榆溪旧塞,绝梓领,梁北河,讨蒲泥,破符离,斩轻锐之卒,捕伏听者三千七十一级,执讯获丑,驱马牛羊百有余万,全甲兵而还,益封青三千户。"

其明年,匈奴入杀代郡太守友,入略雁门千余人。

229

其明年，匈奴大入代、定襄、上郡，杀略汉数千人。

其明年，元朔之五年春，汉令车骑将军青将三万骑，出高阙；卫尉苏建为游击将军，左内史李沮为强弩将军，太仆公孙贺为骑将军，代相李蔡为轻车将军，皆领属车骑将军，俱出朔方；大行李息、岸头侯张次公为将军，出右北平：咸击匈奴。匈奴右贤王当卫青等兵，以为汉兵不能至此，饮醉。汉兵夜至，围右贤王，右贤王惊，夜逃，独与其爱妾一人壮骑数百驰，溃围北去。汉轻骑校尉郭成等逐数百里，不及，得右贤裨王十余人，众男女万五千余人，畜数千百万，于是引兵而还。至塞，天子使使者持大将军印，即军中拜车骑将军青为大将军，诸将皆以兵属大将军，大将军立号而归。天子曰："大将军青躬率戎士，师大捷，获匈奴王十有余人，益封青六千户。"而封青子伉为宜春侯，青子不疑为阴安侯，青子登为发干侯。青固谢曰："臣幸得待罪行间，赖陛下神灵，军大捷，皆诸校尉力战之功也。陛下幸已益封臣青。臣青子在襁褓中，未有勤劳，上幸列地封为三侯，非臣待罪行间所以劝士力战之意也。伉等三人何敢受封！"天子曰："我非

第十五章 《史记》里的卫青

忘诸校尉功也，今固且图之。"乃诏御史曰："护军都尉公孙敖三从大将军击匈奴，常护军，傅校获王，以千五百户封敖为合骑侯。都尉韩说从大将军出窳浑，至匈奴右贤王庭，为麾下搏战获王，以千三百户封说为龙额侯。骑将军公孙贺从大将军获王，以千三百户封贺为南窌侯。轻车将军李蔡再从大将军获王，以千六百户封蔡为乐安侯。校尉李朔、校尉赵不虞、校尉公孙戎奴，各三从大将军获王，以千三百户封朔为涉轵侯，以千三百户封不虞为随成侯，以千三百户封戎奴为从平侯。将军李沮、李息及校尉豆如意有功，赐爵关内侯，食邑各三百户。"

其秋，匈奴入代，杀都尉朱英。其明年春，大将军青出定襄，合骑侯敖为中将军，太仆贺为左将军，翕侯赵信为前将军，卫尉苏建为右将军，郎中令李广为后将军，右内史李沮为强弩将军，咸属大将军，斩首数千级而还。月余，悉复出定襄击匈奴，斩首虏万余人。右将军建、前将军信并军三千余骑，独逢单于兵，与战一日余，汉兵且尽。前将军故胡人，降为翕侯，见急，匈奴诱之，遂将其余骑可八百，奔降单于。右将军苏建尽亡其军，独以身得亡去，自归大将军。大将军问其罪正闳、长史安、议郎周霸等："建当云何？"霸曰："自大将军出，未尝斩裨将。今建弃军，可斩以明将军之威。"闳、安曰："不然。兵法'小敌之坚，大敌之禽也'。今建以数千当单于数万，力战一日余，士尽，不敢有二心，自归。自归而斩之，是示后无反意也。不当斩。"大将军曰："青幸得以肺腑待罪行间，不患无威，而霸说我以明威，甚失臣意。且使臣职虽当斩将，以臣之尊宠而不敢自擅专诛于境外，而具归天子，天子自裁之，于是以见为人臣不敢专权，不亦可乎？"军吏皆曰"善"。遂囚建诣行在所。入塞罢兵。

是岁也，大将军姊子霍去病年十八，幸，为天子侍中。善骑射，再从大将军，受诏与壮士，为剽姚校尉，与轻勇骑八百直弃大军数百里赴利，斩捕首虏过当。于是天子曰："剽姚校尉去病斩首虏二千二十八级，及相国、当户，斩单于大父行籍若侯产，生捕季父罗姑比，再冠军，以千六百户封去病为冠军侯。上谷太守郝贤四从大将军，捕斩首虏二千余人，以千一百户封贤为众利侯。"是岁，失两将军军，亡翕侯，军功不

第十五章 《史记》里的卫青

多,故大将军不益封。右将军建至,天子不诛,赦其罪,赎为庶人。大将军既还,赐千金。是时王夫人方幸于上,宁乘说大将军曰:"将军所以功未甚多,身食万户,三子皆为侯者,徒以皇后故也。今王夫人幸而宗族未富贵,愿将军奉所赐千金为王夫人亲寿。"大将军乃以五百金为寿。天子闻之,问大将军,大将军以实言,上乃拜宁乘为东海都尉。

张骞从大将军,以尝使大夏,留匈奴中久,导军,知善水草处,军得以无饥渴,因前使绝国功,封骞博望侯。

冠军侯去病既侯三岁,元狩二年春,以冠军侯去病为骠骑将军,将万骑出陇西,有功。天子曰:"骠骑将军率戎士逾乌鳌,讨遬濮,涉狐奴,历五王国,辎重人众慑慴者弗取,冀获单于子。转战六日,过焉支山千有余里,合短兵,杀折兰王,斩卢胡王,诛全甲,执浑邪王子及相国、都尉,首虏八千余级,收休屠祭天金人,益封去病二千户。"

其夏,骠骑将军与合骑侯敖俱出北地,异道;博望侯张骞、郎中令李广俱出右北平,异道:皆击匈奴。郎中令将四千骑先至，博望侯将万骑在后至。匈奴左贤王将数万骑围郎中令，郎中令与战二日，死者过半，所杀亦过当。博望侯至，匈奴兵引去。博望侯坐行留，当斩，赎为庶人。而骠骑将军出北地，已遂深入，与合骑侯失道，不相得，骠骑将军逾居延至祁连山，捕首虏甚多。天子曰："骠骑将军逾居延，遂过小月氏，攻祁连山，得酋涂王，以众降者二千五百人，斩首虏三万二百级，获五王，五王母，单于阏氏、王子五十九人，相国、将军、当户、都尉六十三人，师大率减什三，益封去病五千户。赐校尉从至小月氏爵左庶长。鹰击司马破奴再从骠骑将军斩遬濮王，捕稽沮王，千骑将得王、王母各一人，王子以下四十一人，捕虏三千三百三十人，前行捕虏千四百人，以千五百户封破奴为从骠侯。校尉句王高不识，从骠骑将军捕呼于屠王王子以下十一人，捕虏千七百六十八人，以千一百户封不识为宜冠侯。校尉仆多有功，封为辉渠侯。"合骑侯敖坐行留不与骠骑会，当斩，赎为庶人。诸宿将所将士马兵亦不如骠骑，骠骑所将常选，然亦敢深入，常与壮骑先其大军，军亦有天幸，未尝困绝

第十五章 《史记》里的卫青

也。然而诸宿将常坐留落不遇。由此骠骑日以亲贵,比大将军。

其秋,单于怒浑邪王居西方数为汉所破,亡数万人,以骠骑之兵也。单于怒,欲召诛浑邪王。浑邪王与休屠王等谋欲降汉,使人先要边。是时大行李息将城河上,得浑邪王使,即驰传以闻。天子闻之,于是恐其以诈降而袭边,乃令骠骑将军将兵往迎之。骠骑既渡河,与浑邪王众相望。浑邪王裨将见汉军而多欲不降者,颇遁去。骠骑乃驰入与浑邪王相见,斩其欲亡者八千人,遂独遣浑邪王乘传先诣行在所,尽将其众渡河,降者数万,号称十万。既至长安,天子所以赏赐者数十巨万。封浑邪王万户,为漯阴侯。封其裨王呼毒尼为下摩侯,鹰庇为辉渠侯,禽犁为河綦侯,大当户铜离为常乐侯。于是天子嘉骠骑之功曰:"骠骑将军去病率师攻匈奴西域王浑邪,王及厥众萌咸相奔,率以军粮接食,并将控弦万有余人,诛獟,获首虏八千余级,降异国之王三十二人,战士不离伤,十万之众咸怀集服,仍与之劳,爰及河塞,庶几无患,幸既永绥矣。以千七百户益封骠骑将军。"减陇西、北地、上郡戍卒之半，以宽天下之繇。

居顷之，乃分徙降者边五郡故塞外，而皆在河南，因其故俗，为属国。其明年，匈奴入右北平、定襄，杀略汉千余人。

其明年，天子与诸将议曰："翕侯赵信为单于画计，常以为汉兵不能度幕轻留，今大发士卒，其势必得所欲。"是岁元狩四年也。

元狩四年春，上令大将军青、骠骑将军去病将各五万骑，步兵转者踵军数十万，而敢力战深入之士皆属骠骑。骠骑始为出定襄，当单于。捕虏言单于东，乃更令骠骑出代郡，令大将军出定襄。郎中令为前将军，太仆为左将军，主爵赵食其为右将军，平阳侯襄为后将军，皆属大将军。兵即度幕，人马凡五万骑，与骠骑等咸击匈奴单于。赵信为单于谋曰："汉兵既度幕，人马罢（pí），匈奴可坐收虏耳。"乃悉远北其辎重，皆以精兵待幕北。而适值大将军军出塞千余里，见单于兵陈而待，于是大将军令武刚车自环为营，而纵五千骑往当匈奴。匈奴亦纵可万骑。会日且入，大风起，沙砾击面，两军不相见，汉益纵左右翼绕单

第十五章 《史记》里的卫青

于。单于视汉兵多,而士马尚强,战而匈奴不利,薄莫,单于遂乘六骡,壮骑可数百,直冒汉围西北驰去。时已昏,汉匈奴相纷挐,杀伤大当。汉军左校捕虏言单于未昏而去,汉军因发轻骑夜追之,大将军军因随其后。匈奴兵亦散走。迟明,行二百余里,不得单于,颇捕斩首虏万余级,遂至窴颜山赵信城,得匈奴积粟食军。军留一日而还,悉烧其城余粟以归。

大将军之与单于会也,而前将军广、右将军食其军别从东道,或失道,后击单于。大将军引还过幕南,乃得前将军、右将军。大将军欲使使归报,令长史簿责前将军广,广自杀。右将军至,下吏,赎为庶人。大将军军入塞,凡斩捕首虏万九千级。

是时匈奴众失单于十余日,右谷蠡王闻之,自立为单于。单于后得其众,右王乃去单于之号。

骠骑将军亦将五万骑,车重与大将军军等,而无裨将。悉以李敢等为大校,当裨将,出代、右北平千余里,直左方兵,所斩捕功已多大将军。军既还,天子曰:"骠骑将军去病率师,躬将所获荤粥之士,约轻赍,绝大幕,涉获章渠,以诛比车耆,转击左大将,

237

斩获旗鼓，历涉离侯。济弓闾，获屯头王、韩王等三人，将军、相国、当户、都尉八十三人，封狼居胥山，禅于姑衍，登临翰海。执卤获丑七万有四百四十三级，师率减什三，取食于敌，逴行殊远而粮不绝，以五千八百户益封骠骑将军。"右北平太守路博德属骠骑将军，会与城，不失期，从至梼余山，斩首捕虏二千七百级，以千六百户封博德为符离侯。北地都尉邢山从骠骑将军获王，以千二百户封山为义阳侯。故归义因淳王复陆支、楼专王伊即靬皆从骠骑将军有功，以千三百户封复陆支为壮侯，以千八百户封伊即靬为众利侯。从骠侯破奴、昌武侯安稽从骠骑有功，益封各三百户。校尉敢得旗鼓，为关内侯，食邑二百户。校尉自为爵大庶长。军吏卒为官，赏赐甚多。而大将军不得益封，军吏卒皆无封侯者。

　　两军之出塞，塞阅官及私马凡十四万匹，而复入塞者不满三万匹。乃益置大司马位，大将军、骠骑将军皆为大司马。定令，令骠骑将军秩禄与大将军等。自是之后，大将军青日退，而骠骑日益贵。举大将军故人门下多去事骠骑，辄得官爵，唯任安不肯。

第十五章　《史记》里的卫青

骠骑将军为人少言不泄，有气敢任。天子尝欲教之孙吴兵法，对曰："顾方略何如耳，不至学古兵法。"天子为治第，令骠骑视之，对曰："匈奴未灭，无以家为也。"由此上益重爱之。然少而侍中，贵，不省士。其从军，天子为遣太官赍数十乘，既还，重车余弃粱肉，而士有饥者。其在塞外，卒乏粮，或不能自振，而骠骑尚穿域蹋鞠。事多此类。大将军为人仁善退让，以和柔自媚于上，然天下未有称也。

骠骑将军自四年军后三年，元狩六年而卒。天子悼之，发属国玄甲军，陈自长安至茂陵，为冢象祁连山。谥之，并武与广地曰景桓侯。子嬗代侯。嬗少，字子侯，上爱之，幸其壮而将之。居六岁，元封元年，嬗卒，谥哀侯。无子，绝，国除。

自骠骑将军死后，大将军长子宜春侯伉坐法失侯。后五岁，伉弟二人，阴安侯不疑及发干侯登皆坐酎金失侯。失侯后二岁，冠军侯国除。其后四年，大将军青卒，谥为烈侯。子伉代为长平侯。

自大将军围单于之后，十四年而卒。竟不复击匈奴者，以汉马少，而方南诛两越，东伐朝鲜，击羌、西南夷，以故久不伐胡。

大将军以其得尚平阳长公主故，长平侯伉代侯。六岁，坐法失侯。

左方两大将军及诸裨将名：

最大将军青，凡七出击匈奴，斩捕首虏五万余级。一与单于战，收河南地，遂置朔方郡，再益封，凡万一千八百户。封三子为侯，侯千三百户。并之，万五千七百户。其校尉裨将以从大将军侯者九人。其裨将及校尉已为将者十四人。为裨将者曰李广，自有传。无传者曰：

将军公孙贺。贺，义渠人，其先胡种。贺父浑邪，景帝时为平曲侯，坐法失侯。贺，武帝为太子时舍人。武帝立八岁，以太仆为轻车将军，军马邑。后四岁，以轻车将军出云中。后五岁，以骑将军从大将军有功，封为南窌侯。后一岁，以左将军再从大将军出定襄，无功。后四岁，以坐酎金失侯。后八岁，以浮沮将军出五原二千余里，无功。后八岁，以太仆为丞相，封葛绎侯。贺七为将军，出击匈奴无大功，而再侯，为丞相。坐子敬声与阳石公主奸，为巫蛊，族灭，无后。

第十五章 《史记》里的卫青

将军李息,郁郅人。事景帝。至武帝立八岁,为材官将军,军马邑;后六岁,为将军,出代;后三岁,为将军,从大将军出朔方:皆无功。凡三为将军,其后常为大行。

将军公孙敖,义渠人。以郎事武帝。武帝立十二岁,为(骠)骑将军,出代,亡卒七千人,当斩,赎为庶人。后五岁,以校尉从大将军有功,封为合骑侯。后一岁,以中将军从大将军,再出定襄,无功。后二岁,以将军出北地,后骠骑期,当斩,赎为庶人。后二岁,以校尉从大将军,无功。后十四岁,以因杅将军筑受降城。七岁,复以因杅将军再出击匈奴,至余吾,亡士卒多,下吏,当斩,诈死,亡居民间五六岁。后发觉,复系。坐妻为巫蛊,族。凡四为将军,出击匈奴,一侯。

将军李沮,云中人。事景帝。武帝立十七岁,以左内史为强弩将军。后一岁,复为强弩将军。

将军李蔡,成纪人也。事孝文帝、景帝、武帝。以轻车将军从大将军有功,封为乐安侯。已为丞相,坐法死。

将军张次公,河东人。以校尉从卫将军青有功,封为岸头侯。其后太后崩,为将军,军北军。后一岁,为将军,从大将军,再为将军,坐法失侯。次公父隆,轻车武射也。以善射,景帝幸近之也。

将军苏建,杜陵人。以校尉从卫将军青,有功,为平陵侯,以将军筑朔方。后四岁,为游击将军,从大将军出朔方。后一岁,以右将军再从大将军出定襄,亡翕侯,失军,当斩,赎为庶人。其后为代郡太守,卒,冢在大犹乡。

将军赵信,以匈奴相国降,为翕侯。武帝立十七岁,为前将军,与单于战,败,降匈奴。

将军张骞,以使通大夏,还,为校尉。从大将军有功,封为博望侯。后三岁,为将军,出右北平,失期,当斩,赎为庶人。其后使通乌孙,为大行而卒,冢在汉中。

将军赵食其(yì jī),𥞥栩人也。武帝立二十二岁,以主爵为右将军,从大将军出定襄,迷失道,当斩,赎为庶人。

将军曹襄,以平阳侯为后将军,从大将军出定襄。

第十五章 《史记》里的卫青

襄，曹参孙也。

将军韩说，弓高侯庶孙也。以校尉从大将军有功，为龙额侯，坐酎金失侯。元鼎六年，以待诏为横海将军，击东越有功，为按道侯。以太初三年为游击将军，屯于五原外列城。为光禄勋，掘蛊太子宫，卫太子杀之。

将军郭昌，云中人也。以校尉从大将军。元封四年，以太中大夫为拔胡将军，屯朔方。还击昆明，毋（无）功，夺印。

将军荀彘，太原广武人。以御见，侍中，为校尉，数从大将军。以元封三年为左将军击朝鲜，毋（无）功。以捕楼船将军坐法死。

最骠骑将军去病，凡六出击匈奴，其四出以将军，斩捕首虏十一万余级。及浑邪王以众降数万，遂开河西酒泉之地，西方益少胡寇。四益封，凡万五千一百户。其校吏有功为侯者凡六人，而后为将军二人。

将军路博德，平州人。以右北平太守从骠骑将军有功，为符离侯。骠骑死后，博德以卫尉为伏波将军，伐破南越，益封。其后坐法失侯。为强弩都尉，屯居延，卒。

243

将军赵破奴，故九原人。尝亡入匈奴，已而归汉，为骠骑将军司马。出北地时有功，封为从骠侯。坐酎金失侯。后一岁，为匈河将军，攻胡至匈河水，无功。后二岁，击虏楼兰王，复封为浞野侯。后六岁，为浚稽将军，将二万骑击匈奴左贤王，左贤王与战，兵八万骑围破奴，破奴生为虏所得，遂没其军。居匈奴中十岁，复与其太子安国亡入汉。后坐巫蛊，族。

自卫氏兴，大将军青首封，其后枝属为五侯。凡二十四岁而五侯尽夺，卫氏无为侯者。

太史公曰：苏建语余曰："吾尝责大将军至尊重，而天下之贤大夫毋称焉，愿将军观古名将所招选择贤者，勉之哉。大将军谢曰：'自魏其、武安之厚宾客，天子常切齿。彼亲附士大夫，招贤绌不肖者，人主之柄也。人臣奉法遵职而已，何与招士！'"骠骑亦放此意，其为将如此。

[索隐述赞]君子豹变，贵贱何常。青本奴虏，忽升戎行。姊配皇极，身尚平阳。宠荣斯僭，取乱彝章。嫖姚继踵，再静边方。

卫青年表

建元二年（前139），卫子夫入宫，卫青跟随入宫任给事建章。

元光六年（前129），关市诱敌，卫青第一次征讨匈奴，直抵龙城，斩捕首虏700人。

元朔元年（前128），雁门战役，卫青第二次征讨匈奴，斩捕数千人。

元朔二年（前127），河南之战，卫青第三次征讨匈奴，控制河套地区，受封为长平侯。

元朔五年（前124），奇袭右贤王庭之战，卫青第四次征讨匈奴，俘获15000人，牲畜上百万，受封为大将军，卫青三个儿子受封为侯。

元朔六年（前123），漠南战役，卫青第五次和第六次征讨匈奴，共斩捕1万多人；霍去病斩捕首虏2028人，封为冠军侯。

元狩四年（前119），漠北大战，卫青第七次征讨匈奴，斩捕 19000 多人；霍去病斩捕 70443 人，封为骠骑将军。两人同时官至大司马。

元鼎元年（前 116），卫青长子卫伉矫诏失侯。

元鼎二年（前 115），卫青娶平阳公主。

元鼎五年（前 112），卫青之子卫不疑和卫登酎金失侯。

元封五年（前 106），卫青去世，谥号为"烈"。

征和二年（前 91），巫蛊之祸，卫青之子卫伉被牵连而死。

元康四年（前 62），诏赐青孙（卫登之子）钱 50 万，复家。

永始元年（前 16），青曾孙玄（卫登之孙卫玄）以长安公乘为侍郎。

元始四年（4），赐青玄孙赏（卫登曾孙卫赏）爵关内侯。

后 记

在完成这本书的创作之际，恰逢我们伟大祖国母亲迎来七十五周年华诞。回顾西汉时期那段与匈奴英勇斗争、波澜壮阔的历史篇章，我的内心充满了激动与感慨。我们今日所享有的宁静与安稳，离不开那些在幕后默默付出、无私奉献的英雄们。是他们，用坚定的意志和无私的行动，为我们筑起了一道坚固的防线。

在历史的长河里，或许一块小的石子投入到水面，也会掀起波浪。卫子夫像一根绳索，将汉武帝、卫青、霍去病，甚至是后面的霍光都串联起来。而卫青又像是这根绳索中的一个巨大的纽扣，没有他的奇袭龙城，或许也不会有霍去病那般辉煌的战绩，那就更不会有后面霍光的辉煌。

卫子夫得以步入宫廷，这与当时女性地位更自由和对门第观念没有那么重视密不可分。同样，卫青能够崭露头角，成为一代名将，也与国家当时的形势和汉武帝的英明决策息息相关。这一切，无不深深地植根于历史的土壤之中。因此，我始终认为要真正理解一个人，尤其是历史人物，不能仅仅局限于他个人，而应该将他放在广阔的历史背景中去考察。只有这样，我们才能更全面、更深刻地理解他的思想、行为和成就。

在这本书中，除了对卫青这位杰出将领进行详尽介绍外，还涵盖了其他历史人物的生平事迹，还有匈奴与大汉后期的关系的转变，所有这些内容的汇集，希望能够更全面地勾勒出卫青的形象，帮助读者从多角度、多层面深入了解卫青，以及他所处的那个波澜壮阔的时代，让他的英雄事迹和精神风貌得以跨越千年，继续激励后人。

卫青、霍去病、李广、张骞等历史名将，他们将自己的一生奉献给了国家，为了民族的安宁和繁荣，他们不惜冒险，勇敢地站在了历史的风口浪尖上。他们的名字，如同璀璨的星辰，永远照亮着我们民族的记忆。

源水漾
2024.10.01